Tie elämään

Tie elämään

~

ALDIVAN TORRES

Canary Of Joy

CONTENTS

1 1

1

Tie elämään
Aldivan Torres
Tie elämään

Kirjoittaja: Aldivan Torres
© 2020- Aldivan Torres
Kaikki oikeudet pidätetään.
Sarja: Viisauden viljely

Tämä kirja, mukaan lukien kaikki sen osat, on tekijänoikeuksien alaista, eikä sitä voi jäljentää ilman tekijän lupaa, myydä tai ladata uudelleen.

Aldivan Torres on kirjailija, joka on yhdistetty useisiin tyylilajiin. Tähän mennessä otsikot on julkaistu kymmenillä kielillä. Varhaisesta iästä lähtien hän on aina ollut rakastaja kirjoitustaiteessa ja vakiinnuttanut ammatillisen uransa vuoden 2013 toisesta puoliskosta. Hän toivoo kirjoituksillaan edistävänsä kansainvälistä kulttuuria ja herättävän iloa lukemisesta niille, jotka ei ole tapaa. Tehtäväsi on voittaa jokaisen lukijan sydän. Kirjallisuuden lisäksi hänen tärkeimpiä huvituksia ovat musiikki, matkailu, ystävät, perhe ja elämän nautinto. "Kirjallisuuden, tasa-arvon,

veljeyden, oikeudenmukaisuuden, ihmisarvon ja kunnian puolesta ihminen on aina"
Jatkaa
Polku
Tietäen kuinka olla kriittinen
Paluulaki
Ahdistuksen aika
Kasvien korjuusuhde
Annatko vai ei anna almuja?
Opettamisen ja oppimisen teko
Kuinka toimia petoksen edessä?
Rakkaus synnyttää enemmän rakkautta
Toimi köyhien, syrjäytyneiden ja alaistensa puolesta
Viimeinen viesti
Hyvinvoinnin polku
Polku
Polut Jumalan luo
Hyvät mestarit ja oppisopimuskoulutukset
Hyvät käytännöt raittiuden pysymiseen
Arvo esimerkin kautta
Tunne maailmankaikkeudessa
Tunne jumalallinen
Rutiinin muuttaminen
Maailman epätasa-arvo vs. oikeudenmukaisuus
Musiikin voima
Kuinka taistella pahaa vastaan
Olen käsittämätön
Ongelmia
Töissä
Matkustaminen
Oikeuksien etsiminen
Usko täydelliseen rakkauteen
Tieto kuinka hallita suhdetta
Hieronta

Moraalisten arvojen omaksuminen
Todellisen ystävän henki
Noudatettavat toimet
Hoito ruokinnassa
Vinkkejä elämään pitkään ja hyvin
Tanssi
Paasto
Jumalan käsite
Parannusvaiheet
Mielen ominaisuudet
Kuinka minun pitäisi tuntea?
Koulutuksen rooli
Johtopäätös
Voitto uskolla
Voitto hengellisistä ja lihallisista vihollisista
Ihmisen ja Jumalan suhde
Usko Jahveen tuskissa
Rehellinen uskollinen mies
Kristukset
Ihmisen tehtävä
Ole Kristus
Kaksi polkua
Valinta
Kokemukseni
Kohde
Valokunta, lokakuu 1982
Tehtävä
Vision merkitys
Ole aito korruptoituneessa maailmassa
Surua vaikeina aikoina
Asuminen turmeltuneessa maailmassa
Niin kauan kuin hyvää on olemassa, maa pysyy
Vanhurskaita ei ravista
Ole poikkeus

Oma linnoitus
Arvot
Sisäisen rauhan tavoittelu
Luoja Jumala
Tosi rakkaus
Tunnusta itsesi syntiseksi ja rajoitetuksi
Nykyaikaisen maailman vaikutus
Kuinka integroitua isän kanssa
Viestinnän merkitys
Asioiden keskinäinen riippuvuus ja viisaus
Älä syyttää ketään
Osana kokonaisuutta
Älä valittaa
Katso toisesta näkökulmasta
Totuus
Ajattele toista
Unohda ongelmat
Kasvot syntymä ja kuolema prosessina
Kuolemattomuus
Ole ennakoiva asenne
Jumala on henki
Visio uskosta
Noudata käskyjäni
Kuollut usko
Onko sinulla toinen visio
Heikkoudesta tulee vahvuus
Mitä tehdä herkässä taloudellisessa tilanteessa
Perheongelmien kohtaaminen
Taudin tai jopa kuoleman voittaminen
Tapaa itsesi
Sophia
Oikeus
Turvapaikka oikeaan aikaan
Maailman viettely ja Jumalan tapa

Tutustuminen Jahveen
Vanhurskaat ja suhde Jahveen
Suhde Jahveen
Mitä sinun pitäisi tehdä
Annan teille kaiken toivoni
Ystävyys
Anteeksianto
Löydä tienne
Kuinka elää työssä
Asuminen ahkerien ihmisten kanssa töissä
Valmistautuminen itsenäisiin työtuloihin
Analysoidaan opintojen erikoistumisvaihtoehtoja
Kuinka elää perheessä
Mikä on perhe
Kuinka kunnioittaa ja tulla kunnioitetuksi
Taloudellinen riippuvuus
Esimerkin merkitys

Polku

Kävele hyvien kavereiden kanssa, niin sinulla on rauha. Kävele pahojen kanssa, niin olet onnettomuus. Kerro minulle, kenen kanssa vietät aikaa, ja minä kerron sinulle kuka olet. Tämä viisas sanonta paljastaa, kuinka tärkeää on olla valikoiva ystävyyssuhteissa. Uskon kuitenkin, että kaikki on oppimiskokemus. Sinun täytyy tehdä virheitä oppiaksesi tai sinun täytyy kokeilla tietääksesi, mistä pidät. Kokemus on ihmisen kehityksen alkutekijä, koska olemme vaeltavia olentoja, joille on annettu sovitus ja todisteiden todellisuus.

Tietäen kuinka olla kriittinen

Olemme jatkuvasti kehittyviä olentoja. On normaalia kritisoida itseäsi ja haluta aina parantaa suorituskykyäsi jokapäiväisessä toiminnassasi. Mutta älä vaadi liikaa itseltäsi. Aika opettaa ja kypsyttää ideoitasi.

Jaa tehtävät siten, että sinulla on tarpeeksi vapaa-aikaa. Hukkua mieli ei tuota mitään kätevää. On istutuksen ja korjuun aika.

Se vaatii empatiaa ja hallintaa. Jos kumppanisi tekee virheen, anna hänelle hyviä neuvoja, mutta älä luo häntä uudelleen. Muista, että emme voi tuomita toista, koska olemme myös epätäydellisiä ja puutteellisia olentoja. Se olisi sokea mies, joka ohjaisi toista sokeaa, joka ei tuota hedelmää. Pohdi, suunnittele ja ymmärrä. Ne ovat menestyksen välttämättömiä pilareita.

Jos olet pomo, vaadi taitoja alaisiltasi, mutta ole myös ymmärtäväinen ja inhimillinen. Raskailla ja negatiivisilla tärinöillä varustettu työympäristö vain estää kehitystämme. Se vaatii yhteistyötä, toimitusta, työtä, päättäväisyyttä, suunnittelua, hallintaa ja suvaitsevaisuutta työympäristössä. Tätä kutsutaan työvoiman demokratiaksi, joka on olennainen osa liiketoimintaa, koska yhteiskuntamme on moniarvoinen ja monipuolinen. Ympäristön on siis oltava sosiaalisen osallisuuden paikka.

Asiakkaat ja kuluttajat ihailevat suuria yrityksiä, jotka pyrkivät osallisuuteen ja kestävyyteen. Tämä luo erittäin positiivisen kuvan organisaatiossa ja sen ulkopuolella. Tämän lisäksi arvot ykseys, ahkeruus, ihmisarvo ja kunnia myötävaikuttavat yrityksen jatkuvuuteen. Tässä tapauksessa suosittelen täsmällistä tapaamista korkeasti koulutettujen ammattilaisten kanssa, kuten psykologi, ihmissuhdeteknikko, ylläpitäjät, menestyvät johtajat, kirjailijat, terveydenhuollon ammattilaiset.

Elämän mestarit

Olemme suurella tehtävällä täysin eriarvoisen joukon edessä. Joillakin on enemmän tietoa ja toisilla vähemmän tietoa. Jokainen meistä voi kuitenkin opettaa tai oppia. Viisautta ei mitata sen iän tai sosiaalisen tilan perusteella, se on jumalallinen lahja. Sitten voimme löytää kerjäläisen, joka on viisaampi kuin menestyvä liikemies. Sitä ei mitata taloudellisella voimalla, vaan arvojen rakentamisella, joka tekee meistä inhimillisempiä. Menestys tai epäonnistuminen on vain seurausta tekostamme.

Ensimmäiset mestarimme ovat vanhempamme. Joten on totta, että perheemme on arvopohja. Sitten meillä on yhteys yhteiskuntaan ja kouluun. Kaikki tämä heijastaa persoonallisuuttamme. Vaikka meillä on aina valinnanvoima. Kutsutaan vapaaksi tahdoksi, se on kaikkien olentojen vapauden edellytys, ja sitä on kunnioitettava. Olen vapaa valitsemaan polkuni, mutta minun on myös vastattava seurauksista. Muista, että saimme vain sen, mitä istutamme. Siksi kutsut sitä hyväksi puuksi, se tuottaa hyvää hedelmää.

Olemme syntyneet taipumuksella hyvään, mutta usein ympäristö tuo meille vahinkoa. Sorron ja kurjuuden tilassa oleva lapsi ei kehity samalla tavalla kuin varakas lapsi. Tätä kutsutaan sosiaaliseksi eriarvoisuudeksi, jossa harvoilla ihmisillä on paljon rahaa ja monet ihmiset ovat köyhiä. Eriarvoisuus on maailman suuri paha. Se on suuri epäoikeudenmukaisuus, joka tuo kärsimystä ja vahinkoa heikommassa asemassa olevan väestön osalle. Mielestäni tarvitsemme lisää sosiaalisen osallisuuden politiikkaa. Tarvitsemme työpaikkoja, tuloja ja mahdollisuuksia. Mielestäni hyväntekeväisyys on upea rakkauden teko, mutta mielestäni on nöyryyttävää elää juuri sitä. Tarvitsemme työtä ja kunnollisia selviytymisoloja. Meidän on toivottava parempia päiviä. Kuinka hyvä on ostaa asioita työllämme eikä tulla syrjityksi. Meillä on oltava jokaisen mahdollisuus ilman minkäänlaista syrjintää. Tarvitsemme työpaikkoja kaikille mustille, alkuperäiskansoille, naisille, homoseksuaaleille, transseksuaalille.

Luulen, että tie uudesta kestävän kehityksen mallista olisi eliitin yhteinen työ hallituksen kanssa. Vähemmän veroja, enemmän taloudellisia kannustimia, vähemmän byrokratiaa auttaisi vähentämään eriarvoisuutta. Miksi henkilö tarvitsee miljardeja pankkitililleen? Tämä on täysin tarpeetonta, vaikka se olisi työnne hedelmä. Meidän on verotettava suuria omaisuuksia. Meidän on myös kerättävä suurten yritysten työ- ja verovelat osinkojen tuottamiseksi. Miksi etuoikeus rikkaille? Olemme kaikki kansalaisia, joilla on oikeuksia ja velvollisuuksia. Olemme samanlaisia lain edessä, mutta olemme itse asiassa eriarvoisia.

Paluulaki

Ahdistuksen aika

Kun ahdistuksen aika tulee ja näyttää siltä, että kaikki epäoikeudenmukaiset kukoistavat, voit olla varma. Ennemmin tai myöhemmin he putoavat ja vanhurskaat voittavat. Jahven tapoja ei tunneta, mutta ne ovat oikeamielisiä ja viisaita, hän ei missään vaiheessa hylkää sinua, vaikka maailma tuomitsee sinut. Se tekee niin, että sen nimi säilyy sukupolvelta toiselle.

Kasvien korjuusuhde

Kaikki mitä teet maan päällä itsesi tähden, on kirjoitettu elämän kirjaan. Jokainen neuvosto, lahjoitus, irtoaminen, taloudellinen tuki, ystävälliset sanat, kohteliaisuudet, yhteistyö muun muassa hyväntekeväisyystyössä on askel kohti vaurautta ja onnellisuutta. Älä ajattele, että toisen suurimman hyödyn auttaminen on avustettaville. Päinvastoin, sielustasi hyötyvät eniten teot, ja voit saada korkeammat lennot. Ota tietoisuus siitä, että mikään ei ole ilmaista, hyvää, jonka saimme tänään, istutamme aiemmin. Oletko koskaan nähnyt talon tukevan itseään ilman perustusta? Joten myös tapahtuu jokaisella toiminnallamme.

Annatko vai ei anna almuja?

Elämme julmassa ja täynnä huijareita maailmassa. On yleistä, että monet ihmiset, joilla on hyvät taloudelliset olosuhteet, pyytävät almuja rikastumiseksi, peitelty varkaus, joka imee työntekijöiden jo anteeksi ankaran palkan. Tämän jokapäiväisen tilanteen edessä monet kieltäytyvät auttamasta pyydettäessä alamaisia. Onko tämä paras vaihtoehto?

On parasta analysoida tapauskohtaisesti, tuntea henkilön aikomus. Kadulla on lukemattomia vitsauksia, kaikkia ei voida auttaa, se on totta. Mutta kun sydämesi sallii, auta. Vaikka kyseessä olisi petos, synti tulee olemaan toisen henkilön tarkoitus. Olet tehnyt oman osuutesi, osallistunut vähemmän eriarvoiseen ja inhimillisempään maailmaan. Onnittelut sinulle.

Opettamisen ja oppimisen teko

Olemme sovituksen ja koettelemusten maailmassa, jatkuvasti muuttuvassa maailmassa. Sopeutuaksemme tähän ympäristöön löydämme itsemme rikkaasta opetus-oppimisprosessista, joka heijastuu kaikissa ympäristöissä. Käytä tätä tilaisuutta, ota hyvät asiat vastaan ja kiistä pahat, jotta sielusi voi kehittyä polulla kohti isää.

Ole aina kiitollinen. Kiitos Jumalalle perheestäsi, ystävistäsi, matkakumppaneistasi, elämänopettajistasi ja kaikista niistä, jotka uskovat sinuun. Anna takaisin maailmankaikkeudelle osa onnestasi olemalla hyvän apostoli. Se on todella sen arvoista.

Kuinka toimia petoksen edessä?

Ole varovainen ihmisten kanssa, älä luota niin helposti. Väärät ystävät eivät ajattele kahdesti ja toimittavat salaisuutensa kaikkien edessä. Kun näin tapahtuu, on parasta tehdä askel taaksepäin ja laittaa asiat oikeille paikoilleen. Jos pystyt ja olet kehittynyt tarpeeksi, anna anteeksi. Anteeksianto vapauttaa sielusi kaunasta, ja sitten olet valmis uusiin kokemuksiin. Anteeksiantaminen ei tarkoita unohtamista, koska kun olet rikkonut luottamuksesi, et tule takaisin.

Pidä mielessä palauttamislaki, joka on kaikkien oikeudenmukaisin laki. Kaikki, mitä teet väärin toiselle, palaa korolla maksettavaksi. Joten, älä huoli vahingosta, jonka he ovat sinulle aiheuttaneet, olet siellä vihollisesi puolesta, ja Jumala toimii vanhurskaasti antamalla sinulle sen, mitä kaikki ansaitsevat.

Rakkaus synnyttää enemmän rakkautta

Siunattu olkoon se, joka koki rakkautta tai intohimoa. Se on ylevin tunne, joka sisältää antamisen, luopumisen, antautumisen, ymmärtämisen, suvaitsevaisuuden ja irtautumisen materiaalista. Meillä ei kuitenkaan aina ole rakkaasi vastavuoroista tunnetta, ja silloin esiintyy kipua ja kauhua. Sen punnitsemiseen ja tämän ajan kunnioittamiseen tarvitaan aikaa. Kun sinusta tuntuu paremmalta, siirry eteenpäin ja älä kadu mitään. Rakastit sitä, ja palkkiona Jumala näyttää toiselle henkilölle tietä, että hän kulkee myös eteenpäin. On todennäköistä, että muut hylkäävät hänet maksamaan aiheutetuista kärsimyksistä. Tämä käynnistää uudelleen noidankehän, jossa meillä ei koskaan ole ketään, jota todella rakastamme.

Toimi köyhien, syrjäytyneiden ja alaistensa puolesta

Pyri auttamaan kodittomia ihmisiä, orpoja, prostituoituja, hylättyjä ja rakastamattomia. Palkkiosi on suuri, koska he eivät voi maksaa takaisin liikearvoa.

Yrityksessä koulu, perhe ja yhteiskunta kohtelevat kaikkia tasa-arvoisesti riippumatta heidän sosiaalisesta luokastaan, uskonnosta, etnisestä alkuperästä, seksuaalisesta valinnasta, hierarkiasta tai mistä tahansa erityispiirteestä. Suvaitsevaisuus on suuri hyve sinulle pääsemään korkeimpiin taivaallisiin tuomioistuimiin.

Viimeinen viesti

No, tämän viestin halusin antaa. Toivon, että nämä muutama rivi valaisevat sydämesi ja tekevät sinusta paremman ihmisen. Muista: On aina aika muuttua ja tehdä hyvää. Liity tähän hyvään parempaan maailmaan ketjuun. Nähdään seuraava tarina.

Hyvinvoinnin polku

Polku

Ihmisellä on koko tietoisuudessaan noudatettava kahta ulottuvuutta: tapa, jolla hän näkee itsensä, ja tapa, jolla yhteiskunta näkee hänet. Suurin virhe on se, että hän voi yrittää sovittaa meidän kaltaisen yhteiskunnan tason. Elämme maailmassa, joka on enimmäkseen ennakkoluuloista, epätasa-arvoista, tyranniaa, julmaa, pahaa, täynnä petoksia, valheita ja aineellisia illuusioita. Hyvien opetusten absorboiminen ja aitous on paras tapa tuntea hyväksyväsi itsesi.

Oppiminen ja itsensä tunteminen paremmin, hyviin arvoihin luottaminen, itsesi ja muiden mieltäminen, perheen arvostaminen ja hyväntekeväisyyden harjoittaminen ovat tapoja löytää menestystä ja onnea. Tällä radalla on kaatumisia, voittoja, suruja, onnellisuutta, vapaaajan hetkiä, sotaa ja rauhaa. Tärkeintä tässä kaikessa on pitää itsesi uskossa itseesi ja suuremmassa voimassa uskosta riippumatta.

On välttämätöntä jättää kaikki huonot muistot taakse ja jatkaa elämääsi. Voit olla varma, että Jahve Jumala valmistaa hyviä yllätyksiä, joissa tunnet todellisen nautinnon elämästäsi. Ole optimismia ja sitkeyttä.

Polut Jumalan luo

Olen isän poika, joka tuli auttamaan tätä ulottuvuutta todella johdonmukaisessa evoluutiossa. Kun tulin, huomasin ihmiskunnan täysin hämmentyneeksi ja poikkesin isäni päätavoitteesta kasvatettaessa sitä. Nykyään näemme useimmiten pikkumaisia, itsekkäitä, uskottomia Jumalan ihmisiä, kilpailukykyisiä, ahneita ja kateellisia. Olen pahoillani näistä ihmisistä ja yritän auttaa heitä parhaalla mahdollisella tavalla. Voin näyttää esimerkilläni ominaisuuksia, joita isäni todella haluaa heidän kehittävän: solidaarisuus, ymmärtämys, yhteistyö, tasa-arvo, veljeys, toveruus, armo, oikeudenmukaisuus, usko, kynsi, sitkeys, toivo, ihmisarvo ja ennen kaikkea rakkaus olentojen välillä.

Toinen suuri ongelma on ihmisen ylpeys siitä, että hän on osa suositumpaa ryhmää tai luokkaa. Kerron sinulle; tämä ei ole sappi Jumalan edessä. Sanon teille, että sinulla on kädet ja sydämet auki ottamaan lapsesi vastaan rodusta, väreistä, uskonnosta, sosiaalisesta luokasta, seksuaalisesta suuntautumisesta, poliittisesta puolueesta, alueesta tai mistä tahansa erityispiirteestä riippumatta. Kaikki ovat tasa-arvoisia isänsä edessä. Jotkut hyötyvät kuitenkin enemmän heidän teoistaan ja miellyttävä sielustaan.

Aika kuluu nopeasti. Joten älä missaa mahdollisuutta tehdä yhteistyötä paremman ja oikeudenmukaisemman maailmankaikkeuden puolesta. Auta ahdistuneita, sairaita, köyhiä, ystäviä, vihollisia, tuttavia, muukalaisia, perhettä, muukalaisia, miehiä ja naisia, lapsia, nuoria tai vanhoja, lyhyesti sanottuna, auta odottamatta kostoa. Suuri on palkkasi isän edessä.

Hyvät mestarit ja oppisopimuskoulutukset

Olemme sovituksen ja todisteiden maailmassa. Olemme toisistaan riippuvaisia olentoja, joista puuttuu kiintymys, rakkaus, aineelliset resurssit ja huomio. Jokainen elämänsä aikana saa kokemusta ja välittää jotain hyvää lähimmilleen. Tämä keskinäinen vaihto on välttämätöntä täydellisen rauhan ja onnen saavuttamiseksi. Oman ymmärtäminen, muiden tuskan ymmärtäminen, oikeudenmukaisuuden puolesta toimiminen, käsitteiden muuttaminen ja tiedon tarjoaman vapauden kokeminen on korvaamatonta. On hyvä, että kukaan ei voi varastaa sinulta.

Elämäni aikana minulla oli upeita opettajia: henkinen ja lihallinen isäni, äitini suloisuudella, opettajat, ystävät, perhe yleensä, tuttavat, työtoverit, huoltaja, enkeli, hindu, papitar, Renato (seikkailupartnerini), Philip Andrews (Tragedian leimaama mies), niin monet muut hahmot, jotka persoonallisuudellaan merkitsivät tarinani. Historiallisen takaiskun aikana mentoroin veljenpoikiani ja koko ihmiskuntaa kirjojeni kautta. Olen tehnyt molemmat roolit hyvin ja etsin identiteettiäni. Avain kysymykseen on jättää hyvä siemen, kuten Jeesus sanoi: vanhurskaat loistavat kuin aurinko isänsä valtakunnassa.

Hyvät käytännöt raittiuden pysymiseen

On olemassa erilaisia tapoja nähdä maailma ja tottua siihen. Erityisessä tapauksessani pystyin ylläpitämään vakautta pitkän sisäisen hengellisen valmistautumisen jälkeen. Kokemukseni perusteella voin antaa vinkkejä siitä, miten orientoitua elämän epävakauden edessä: Älä juo alkoholia, älä tupakoi, älä käytä mitään huumeita, työskentele, harjoittele itsellesi miellyttävää toimintaa, käy ystävien kanssa, kävele, matkustele hyvässä seurassa, syö ja pukeudu hyvin, ota yhteyttä luontoon, paeta kiireestä ja animaatiosta, levätä mieltäsi, kuunnella musiikkia, lukea kirjoja, täyttää kotimaiset velvollisuutesi, olla uskollinen arvoillesi ja uskomuksillesi, kunnioittaa vanhimpia, pidä huolta nuorempien opetuksesta, ole hurskaita, ymmärtäväisiä ja suvaitsevaisia, kokoontukaa hengelliseen ryhmääsi, rukoilkaa, uskokaa, älkää teemoja. Jotenkin kohtalo avaa hyvät ovet sinulle ja löytää sitten tien. Paljon onnea on mitä toivon kaikille.

Arvo esimerkin kautta

Ihminen heijastuu teostensa kautta. Tämä viisas sanonta osoittaa tarkalleen, miten meidän on toimittava autuuden saavuttamiseksi. Ihmisen kannalta ei ole hyötyä vakiintuneista arvoista, ellei hän toteuta niitä käytännössä. Tarvitsemme enemmän kuin hyvät aikomukset vakiintuneita asenteita, jotta maailma muuttuisi.

Tunne maailmankaikkeudessa

Opi tuntemaan itsesi, arvostamaan itseäsi enemmän ja tekemään yhteistyötä muiden hyväksi. Suuri osa ongelmistamme johtuu peloistamme ja puutteistamme. Tietäen heikkoutemme voimme korjata ne ja suunnitella tulevaisuudessa parantumista ihmisenä.

Seuraa etiikkaasi unohtamatta puolellasi olevien oikeuksia. Ole aina puolueeton, oikeudenmukainen ja antelias. Tapa, jolla kohtelet maailmaa, saa aikaan kostoa, rauhaa ja rauhaa. Älä ole liian nirso itsellesi. Yritä nauttia jokaisesta hetkestä oppimisen näkökulmasta. Seuraavan kerran tiedät tarkalleen, miten toimia.

Tunne jumalallinen

Mikään ei ole sattumaa, ja kaikella maailmankaikkeudessa olevalla on merkitys. Ole iloinen elämän lahjasta, mahdollisuudesta hengittää, kävellä, työskennellä, nähdä, halata, suudella ja antaa rakkautta.

Kukaan ei ole eristetty kappale; olemme osa maailmankaikkeuden vaihdetta. Yritä tehdä yksinkertaisia henkisen yhteyden harjoituksia. Mene vapaa-aikoina huoneeseesi, istu sängylläsi, sulje silmäsi ja pohdi itseäsi ja itseäsi. Rentoutuessasi ongelmasi jäävät taakse, ja huomaat lähestyvän jumalallista linkkiä. Yritä keskittyä tunnelin päässä olevaan valoon. Tämä valo tuo sinulle toivon, että on mahdollista muuttaa, poistaa menneisyyden virheet, antaa anteeksi itsellesi ja tehdä rauha vihollisten kanssa tekemällä heistä ystäviä. Unohda taistelut, kaunaa, pelko ja epäilyt. Kaikki tämä vain tulee omalla tavallasi. Olemme aktiivisimpia, kun ymmärrämme toisemme puolen ja pystymme siirtymään eteenpäin. Kiitos, että olet terve ja että sinulla on vielä aikaa ratkaista vireillä olevat ongelmat.

Olemme isän poikia; meidät on luotu auttamaan planeettaa kehittymään ja olemaan myös onnellisia. Kyllä, voimme saada kaiken, jos olemme sen arvoisia. Jotkut ovat onnellisia yksin, toiset kumppaninsa rinnalla, toiset harjoittamalla uskontoa tai uskontunnustusta ja toiset auttamalla toisia. Onni on suhteellista. Älä koskaan unohda myös, että on epätoivon ja pimeyden päiviä ja että juuri tällä hetkellä sinun uskosi on oltava läsnä. Kivun edessä ulospääsyn löytäminen on joskus melko monimutkaista. Meillä on kuitenkin Jumala, joka ei koskaan hylkää meitä, vaikka muutkin tekisivät. Keskustele hänen kanssaan, niin ymmärrät asiat paremmin.

Rutiinin muuttaminen

Nykymaailmasta on tullut suuri kilpailu aikaa vastaan selviytymisen puolesta. Vietämme usein enemmän aikaa töissä kuin perheidemme kanssa. Tämä ei ole aina terveellistä, mutta se on välttämätöntä. Ota vapaapäivät muuttaaksesi rutiiniasi hieman. Mene ulos ystävien, puolison kanssa, käy puistoissa, teattereissa, kiipeä vuorille, ui joessa tai meressä, käy sukulaisten luona, käy elokuvissa, jalkapallostadionilla, lue kirjoja, katso televisiota, surffaa internetissä ja tee uusia ystävät. Meidän on muutettava rutiininomainen näkemys asioista. Meidän on tiedettävä vähän tästä valtavasta maailmasta ja nautittava siitä, mitä Jumala on jäljellä. Ajattele, ettemme ole ikuisia, että milloin tahansa voi tapahtua jotain, etkä ole enää keskuudessamme. Joten, älä jätä huomenna mitä voit tehdä tänään. Kiitos päivän lopussa mahdollisuudesta elää. Tämä on suurin lahja, jonka olemme saaneet.

Maailman epätasa-arvo vs. oikeudenmukaisuus

Elämme mielettömässä, kilpailukykyisessä ja epätasa-arvoisessa maailmassa. Halveksuntaa, toivottomuuden, ahneuden ja välinpitämättömyyden tunne on hallitseva. Kaikkea sitä, mitä Jeesus on aiemmin opettanut suurimman osan ajasta, ei käytetä käytännössä. Joten mitä järkeä hän taistelee niin kovasti paremman maailman puolesta, jos emme arvosta sitä?

On vaivatonta sanoa, että ymmärrät toisen tuskan, joskus olet solidaarinen ja myötätuntoinen nähdessäsi kuvan Internetissä tai jopa kadulla hylätyn alaikäisen edessä. On vaikea olla asennetta ja yrittää muuttaa tätä tarinaa. Epäilemättä maailman kurjuus on erittäin suuri, eikä meillä ole tapaa auttaa kaikkia. Jumala ei vaadi sitä sinulta oikeudenkäynnissä. Jos kuitenkin ainakin autat, naapurisi on jo hyvä koko. Mutta kuka on seuraava? Se on työtön veljesi, se on surullinen naapurisi vaimon menettämisen vuoksi, se on hänen työtoverisi, joka tarvitsee sinun ohjaustasi. Jokainen tekosi, riippumatta siitä kuinka pieni se onkin, evoluution näkökulmasta. Muista: Olemme mitä työmme ovat.

Yritä aina auttaa. En vaadi täydellisyyttäsi; tätä ei ole olemassa tässä maailmassa. Haluan sinun rakastavan lähimmäistäsi, isääni ja itseäsi. Olen täällä näyttämässä sinulle jälleen, kuinka suuri rakkauteni ihmiskuntaa kohtaan on, vaikka se ei ansaitse sitä. Kärsin suuresti ihmisen kurjuudesta ja yritän käyttää sitä hyvän minun taipumukseni välineenä. Tarvitsen kuitenkin lupaasi voidaksesi toimia elämässäsi. Oletko valmis todella elämään minun ja isäni tahdon mukaan? Vastaus tähän kysymykseen on lopullinen virstanpylväs sen olemassaolossa.

Musiikin voima

Jotain hyvin rentouttavaa ja jota suosittelen rauhan ja ihmisen evoluution saavuttamiseksi, on kuunnella musiikkia. Sanoitusten ja melodian kautta mielemme kulkee ja tuntee juuri sen, mitä kirjoittaja haluaa kokea. Usein tämä vapauttaa meidät kaikista paikoista, joita kantamme päivän aikana. Yhteiskunnan paine on niin suuri, että toisten negatiiviset ja kateelliset ajatukset iskevät usein meihin. Musiikki vapauttaa meidät ja lohduttaa meitä puhdistamalla mielemme kokonaan.

Minulla on eklektinen maku musiikille. Pidän Rockista, Funkista, brasilialaisesta populaarimusiikista, kansainvälisestä, romanttisesta, kantri- tai hyvälaatuisesta musiikista. Musiikki inspiroi minua ja usein kirjoittaessani kuulen heidän olevan hiljaisia musiikkiasetuksia. Tee niin myös, ja näet suuren eron elämänlaadussa.

Kuinka taistella pahaa vastaan

Olemme eläneet kaksinaisuudessa universumissa suuren lohikäärmeen kaatumisesta lähtien. Tämä todellisuus heijastuu myös täällä maan päällä. Toisaalta rehelliset ihmiset, jotka haluavat elää ja tehdä yhteistyötä, ja muut paskiaiset, jotka etsivät toisten epäonnea. Vaikka pahan voima on mustaa taikaa, hyvän voimana on rukous. Älä unohda suositella itseäsi isällesi ainakin kerran päivässä, jotta pimeyden voima ei lyö sinua.

Kuten Jeesus opetti, älä pelkää miestä, joka voi ottaa henkensä ruumiistaan, aihe, joka voi tuomita hänen sielunsa. Vapaan tahdon avulla voit yksinkertaisesti hylätä vihollisten hyökkäykset. Hyvän tai pahan valinta on yksin sinun. Kun teet syntiä, älä oikeuta itseäsi. Tunnista virheesi ja yritä olla menettämättä enää.

Elämässäni ollut asenne muutti täysin suhdettani maailmankaikkeuteen ja Jumalaan. Toivoin, että herran tahto toteutuisi elämässäni ja sitten Pyhä Henki voisi toimia. Siitä lähtien minulla oli vain menestystä ja onnea, koska olen tottelevainen. Tänään asun täydellisessä yhteydessä luojani kanssa, ja olen siitä tyytyväinen. Muista, että se on sinun valintasi.

Olen käsittämätön

Kuka olen? Mistä tulin? Minne aion mennä? Mikä on tavoitteeni? Olen käsittämätön. Olen pohjoisen henki, joka puhaltaa sieltä tänne ilman suuntaa. Lisäksi olen rakkaus, vanhurskaiden usko, lasten toivo, olen ahdistettujen auttava käsi, olen hyvin annettu neuvo, olen omantuntosi varoittava vaarasta, olen se, joka elävöittää sielua, minä olen anteeksianto, olen sovinto, ymmärrän ja uskon aina parantumiseen jo ennen syntiä. Olen Daavidin taimi, ensimmäinen ja viimeinen, olen jumalan huolenpito, joka luo maailmat. Olen koillisen pieni uninen alkuunsa, jonka tarkoitus on valloittaa maailma. Lisäksi olen jumalallisin läheisimmälle, näkijä tai yksinkertaisesti Jumalan poika oikealla tavalla. Tulin isäni käskystä pelastamaan heidät jälleen pimeydestä. Ennen minua ei ole valtaa, valtaa tai rojaltia, koska olen kuninkaiden kuningas. Olen sinun mahdottomien Jumalasi, joka voi muuttaa elämäsi. Usko aina.

Ongelmia

Jumalallisena voin tehdä kaiken ja ihmismuodossa elän heikkouksilla kuin muutkin. Olen syntynyt sorron, köyhyyden, vaikeuksien ja välinpitämättömyyden maailmassa. Ymmärrän kipusi kuin kukaan muu. Lisäksi näen syvällä sielussasi epäilyt ja pelkosi siitä, mitä voi tulla. Tietäen siitä, tiedän tarkalleen, miten heidän on parasta kohdata heidät.

Olen paras ystäväsi, joka on vierelläsi joka tunti. Emme ehkä tunne toisiamme, tai en ole läsnä fyysisesti, mutta voin toimia ihmisten kautta ja hengessä. Haluan parasta elämääsi. Älä ole kapinallinen ja ymmärrä epäonnistumisen syy. Syynä on, että jotain on valmistettu jotain parempaa varten, jotain mitä et koskaan kuvitellut. Opin tämän kokemuksestani. Koin voimakkaan epätoivon hetken, jossa mikään elävä olento ei ole auttanut minua. Lähes täydellistä kulumista isäni pelasti minut ja osoitti valtavaa rakkauttaan. Haluan maksaa takaisin ja tehdä saman muulle ihmiskunnalle.

Tiedän tarkalleen, mitä elämässäsi tapahtuu. Lisäksi tiedän

joskus, että tuntuu siltä, ettei kukaan ymmärrä sinua, ja tuntuu vain siltä, että olet yksin. Näinä hetkinä loogisen selityksen etsiminen ei auta. Totuus on, että ihmisen rakkauden ja minun välillä on suuri ero. Vaikka entinen on melkein aina mukana etupelissä, rakkauteni on ylevää ja korkeinta. Minä herätin sinut, annoin sinulle elämän lahjan, ja minä sarastan joka päivä sinun rinnallasi enkelini kautta. Välitän sinusta ja perheestäsi. Lisäksi olen erittäin pahoillani, kun kärsit, ja se hylätään. Tiedä, että minussa et koskaan saa negatiivista. Sillä välin pyydän teitä ymmärtämään suunnitelmani ja hyväksymään ne. Olen luonut koko maailmankaikkeuden ja tiedän enemmän kuin sinä parhaan tavan. Tätä varten jotkut kutsuvat sitä määränpääksi tai ennalta määrätyksi. Niin paljon kuin kaikki näyttää väärältä, kaikella on merkitys ja se menee kohti menestystä, jos olet ansaittu.

Tässä on joku, joka rakasti ja joka rakastaa. Ikuinen rakkauteni ei koskaan kuole. Rakkauteni on täynnä eikä sillä ole vaatimuksia. Sinulla on vain hyvän miehen vakiintuneet arvot. Älä halua laittaa minuun vihan, rasismin, ennakkoluulojen, epäoikeudenmukaisuuden tai halveksuntaa. En ole tämä Jumala, jonka he maalavat. Jos haluat tavata minut, opi lasteni kautta. Rauhaa ja hyvää kaikille.

Töissä

Ei ole hyvä, että miehellä on vapaa mieli. Jos viljelemme joutilaisuutta, emme lopeta ajattelua ongelmista, levottomuudesta, peloista, häpeistämme, pettymyksistä, kärsimyksistä ja nykyisyyden ja tulevaisuuden epävakaudesta. Jumala jätti ihmiselle työn perinnön. Sen lisäksi, että työskentely on selviytymisen asia, se täyttää sisimmän tyhjiömme. Tunne olla hyödyllinen itsellesi ja yhteiskunnalle on ainutlaatuinen.

Mahdollisuus olla työpaikassa, kasvaa ammattimaisesti, vahvistaa ystävyys- ja kiintymyssuhteita sekä kehittyä ihmiseksi on suuri lahja heidän hellemmästä työstään. Ole onnellinen siitä kriisin aikana. Kuinka monta isää ja äitiä ei halunnut olla kengissäsi? Maamme todellisuus on kasvava työttömyys, eriarvoisuus, hulluus, välinpitämättömyys ja poliittinen välinpitämättömyys.

Tee osasi. Pidä terveellinen työympäristö, jossa vietät suuren osan päivästäsi. Älä kuitenkaan odota niin paljon ja älä sekoita asioita. Ystävät löytävät yleensä elämässä ja työssä vain kollegoita lukuun ottamatta harvinaisia poikkeuksia. Tärkeää on noudattaa tarkasti velvoitteitasi, joihin sisältyy läsnäolo, täsmällisyys, nopeus, tehokkuus, vastuullisuus ja omistautuminen. Ole esimerkki käytöksestä rikkomuksesi sisällä ja ulkopuolella.

Matkustaminen

Jumala on ihana, voimakas ja vertaansa vailla. Suuresta rakkaudestaan hän halusi luoda asioita ja sanansa kautta ne olivat olemassa. Kaikki aineelliset, aineettomat, näkyvät ja näkymättömät asiat antavat luojalle. Näiden asioiden joukossa on mies. Pienenä pisteenä maailmankaikkeudessa se voi nähdä, tuntea, olla vuorovaikutuksessa, havaita ja ymmärtää. Olemme täällä ollaksemme onnellisia.

Hyödynnä elämän tarjoamia mahdollisuuksia ja tutustu vähän tähän maailmankaikkeuteen. Pienet ja suuret luonnon teokset lumoavat sinut. Tunne raikas ilma, meri, joki, metsä, vuoret ja itse. Pohdi asenteitasi ja kokemuksiasi koko elämäsi ajan. Uskokaa minua, tämä antaa sinulle elämänlaadun ja tunteen kuvaamattomasta rauhasta. Ole onnellinen nyt. Älä jätä sitä myöhemmäksi, koska tulevaisuus on epävarma.

Oikeuksien etsiminen

Ole täysivaltainen kansalainen, joka elää oikeutesi täysin. Tiedä tarkkaan velvollisuutesi. Jos niitä rikotaan, voit hakea muutoksenhakua tuomioistuimessa. Vaikka pyyntöäsi ei täytettäisi, omatuntosi on puhdas ja valmis siirtymään eteenpäin. Muista, että ainoa vanhurskaus, joka ei petä, on jumalallinen ja oikeilla asenteilla siunauksesi tulee.

Usko täydelliseen rakkauteen

Nykyään elämme maailmassa, jota hallitsevat kiinnostus, jumalattomuus ja ymmärryksen puute. On motivoivaa ymmärtää, että sitä, mitä todella haluamme, ei ole olemassa tai se on aivan harvinaista. Olemuksen ja todellisen rakkauden devalvoitumisen myötä vaihtoehdot loppuvat. Olen kärsinyt tarpeeksi elämän haasteista ja kokemuksistani uskon edelleen toivoon, vaikka kenties kaukainenkin. Uskon, että toisessa tasossa on henkinen isä, joka tarkkailee kaikkia tekojamme. Hänen työnsä läpi uransa akkreditoivat tulevaisuuden onnea erityisen henkilön rinnalla. Ole optimistinen, sitkeä ja usko.

Tieto kuinka hallita suhdetta

Rakkaus on jumalallista. Tämän tunteen käsitteellistäminen toisen yksilön hyvinvoinnin haluksi. Tässä vaiheessa sinun on tiedettävä. Tieto lumoaa, hajottaa tai amorfisesti. Hyvän järjestelmänvalvojan tehtävä on tietää, miten käsitellä näitä vaiheita. Kiinnostusta voidaan verrata kasviin. Jos kastelemme sitä usein, se kasvaa ja antaa hyviä hedelmiä ja kukkia. Jos halveksimme häntä, hän kuihtui, hajoaa ja loppuu. Suhteessa oleminen voi olla jotain positiivista tai negatiivista riippuen siitä, kenen kanssa olemme. Yhdessä asuminen pariskunnalle on nykyajan suuri haaste. Nyt kun rakkaus yksinään ei riitä jatkamaan liittoa, asia liittyy laajempiin tekijöihin. Hän on kuitenkin voimakas turvapaikka ahdistuksen ja epätoivon aikoina.

Hieronta

Hieronta on hieno harjoitus, joka voidaan tehdä. Kenellä vastaanottajalla on mahdollisuus kokea lihasten rentoutumisen aiheuttama ilo? On kuitenkin varottava, ettet liioittele käsien ja työskentelyalueen välisen kitkan suhteellisuutta. Voit hyödyntää sitä vielä paremmin, kun kahden toisiaan rakastavan ihmisen välillä käydään vaihtoa.

Moraalisten arvojen omaksuminen

Hyvä ohjaus on välttämätöntä sellaisen mielen kehittämiseksi, joka kykenee luomaan vilpittömät, realistiset, hyvin nautitut ja todelliset yhteydet. Kuten sanonta kuuluu, perhe on kaiken perusta. Jos olemme sen sisällä hyviä vanhempia, lapsia, veljiä ja kumppaneita, olemme myös sen ulkopuolella.

Harjoittele arvojen etiikkaa, joka kykenee ohjaamaan sinut hyvinvoinnin polulle. Ajattele itseäsi, mutta myös toisen oikeutta aina kunnioittavasti. Yritä olla onnellinen, vaikka mielesi heikentää ja lannistaa sinua. Kukaan ei oikeastaan tiedä mitä tapahtuu, jos hän ei toimi ja yritä. Suurin osa mitä voi tapahtua, on epäonnistuminen, ja ne tehtiin kouluttamaan meitä ja tekemään meistä todellisia voittajia.

Todellisen ystävän henki

Kun Jeesus oli maan päällä, hän jätti meille käyttäytymismallin ja esimerkin. Hänen suurin tekonsa oli antautuminen ristillä syntiemme puolesta. Tässä on todellisen ystävyyden arvo, lahjoittamalla elämäsi toisen puolesta. Kuka todella elämässäsi tekisi sen puolestasi? Katso hyvä. Jos vastauksesi on positiivinen, arvosta tätä henkilöä ja rakasta häntä vilpittömästi, koska tämä tunne on harvinaista. Älä pilaa tätä suhdetta mistään. Vastaa teoilla ja sanoilla vähän tästä suuresta rakkaudesta ja ole onnellinen.

Noudatettavat toimet

1. Tee muille, mitä haluaisit heidän tekevän sinulle. Tähän sisältyy ystävällisyys, hyväntekeväisyys, ystävällisyys, anteliaisuus ja pyrkimys olla vahingoittamatta muita. Sinulla ei ole ulottuvuutta siitä, mitä se kärsii väärin sijoitettujen sanojen takia. Käytä tätä voimaa vain tarjotaksesi hyvää ja mukavuutta muille, koska emme tiedä, mitä kohtalo koskee meitä.
2. Ole valheiden vihollinen ja kävele aina totuuden kanssa. Niin paljon kuin onkin, on parempi tunnustaa kaikki tapahtunut. Älä perustele itseäsi tai pehmennä uutisia. Ole selvä.
3. Älä varasta sitä, mikä on toiselta, äläkä ylitä toisten elämää. Ole

oikeudenmukainen maksujen ja tilikyvyn suhteen. Älä viljele kateutta, panettelua tai valheita muiden kanssa.
4. Olemme kaikki osa kokonaisuutta, joka tunnetaan nimellä Jumala, kohtalo tai kosminen tietoisuus. Harmonian, osallisuuden ja yhteisöllisyyden ylläpitämiseksi suhteessa tarvitaan valtavia ponnisteluja pysyäksesi poissa maailman asioista. Harjoittele aina hyvää ja polkusi jäljitetään vähitellen taivaalliseen isään. Kuten olen sanonut, älä pelkää mitään. Toisin kuin monet uskonnot maalaavat, isäni ei ole teloittaja tai isoäiti, hän korottaa rakkautta, suvaitsevaisuutta, anteliaisuutta, tasa-arvoa ja ystävyyttä. Jokaisella on paikkansa valtakunnassani, jos hän ansaitsee sen.
5. Elää yksinkertaista ja turvallista elämää. Älä kerää aineellisia hyödykkeitä ilman tarvetta ja älä anna periksi liioittelulle. Kaiken on oltava oikeassa mittakaavassa. Jos olet rikas tai varakas, harjoittele aina lahjoituksen ja hyväntekeväisyyden taidetta. Et tiedä hyvää, mitä tämä tekee itsellesi.
6. Pidä ruumis, sielu ja sydän puhtaana. Älä anna periksi himon, kunnianhimo tai laiskuuden kiusauksille.
7. Kehitä optimismia, rakkautta, toivoa, uskoa ja sitkeyttä. Älä ikinä luovu unelmistasi.
8. Aina kun voit osallistua sosiaalisiin yhteisöprojekteihin. Jokainen suosittujen alaikäisten toiminta lisää heidän aarteitaan taivaassa. Mieluummin tämä vallan, rahan, vaikutusvallan tai sosiaalisen aseman sijaan.
9. Tottunut arvostamaan kulttuuria sen erilaisissa ilmentymissä. Käy kiertoajeluissa ystävien, elokuvan, teatterin kanssa ja lue inspiroivia kirjoja. Kirjallisuuden maaginen maailma on rikas ja monipuolinen maailma, joka tuo sinulle paljon viihdettä.
10. Mietiskele ja pohdi nykyistäsi ja tulevaisuuttasi. Menneisyydellä ei ole enää merkitystä, ja vaikka syntisi olisi yhtä tulipunainen, voisin antaa anteeksi ja näyttää sinulle todellisen rakkauteni.

Hoito ruokinnassa

Kehomme hoitaminen on välttämätöntä, jotta voimme elää hyvin. Yksi tärkeimmistä ja monista tärkeistä tuotteista on ruoka. Tasapainoisen ruokavalion omaksuminen on paras tapa välttää sairauksia. Hanki terveellisiä tapoja ja syö runsaasti vitamiineja, mineraaleja, kuituja ja proteiineja sisältäviä ruokia. On myös tärkeää syödä vain sitä, mikä on välttämätöntä selviytymisen välttämiseksi.

Vinkkejä elämään pitkään ja hyvin

1. Pidä keho ja mieli aina aktiivisina.
2. Treffit.
3. Kehitä uskoa muihin.
4. Sosiaalisen rinnakkaiselon vankat ja anteliaat arvot.
5. Syö kohtuullisesti.
6. Pidä sopiva harjoitusrutiini.
7. Nuku hyvin.
8. Ole järkevä.
9. Herää aikaisin.
10. Matkusta paljon.

Tanssi

Tanssi on kriittinen harjoitus yksilön hyvinvoinnin kannalta. Auttaa taistelemaan ikääntymistä selkäkipu ja liikkumisessa, lisää positiivisuutta. Kuhunkin melodiaan integrointi ei ole aina helppo, mutta miellyttävä ja palkitseva tehtävä. Ole tapana tässä harjoituksessa ja yritä olla onnellinen.

Paasto

Paasto on tarkoituksenmukaista pyhinä päivinä tai kun annamme lupauksia auttaa henkimaailmassa vaikeuksissa olevia sieluja.

Valmistuttuaan on kuitenkin suositeltavaa sommitella voimat uudelleen nauttimalla terveellisiä ja monipuolisia ruokia.

Jumalan käsite

Jumala ei ole alkanut eikä sillä ole loppua. Se on seurausta hyvien luovien voimien yhdistymisestä. Se on läsnä kaikissa hänen luomuksensa teoksissa, jotka kommunikoivat heidän kanssaan henkisen refleksiivisen prosessin kautta, jota monet kutsuvat "sisäiseksi itseksi".

Jumalaa ei voida määritellä ihmissanoilla. Mutta jos voisin, sanoisin, että se on rakkautta, veljeyttä, lahjaa, rakkautta, oikeudenmukaisuutta, armoa, ymmärrystä, oikeudenmukaisuutta ja suvaitsevaisuutta. Jumala on valmis hyväksymään hänet valtakuntaansa, jos ansaitset sen. Muista jotain kriittistä: Sinulla on oikeus levätä vain taivasten valtakunnassa.

Parannusvaiheet

Maa on sovituksen ja todisteiden maailma ihmisille. Tämä olemassaolomme vaihe on merkittävä hyvillä teoillamme, jotta voimme elää tyydyttävän hengellisen ulottuvuuden. Saavutettuaan täydellisyyden täyteyden ihmisestä tulee osa kosmista ulottuvuutta tai yksinkertaisesti käsitteellinen Jumala.

Mielen ominaisuudet

1. Hyvää halua tulisi kannustaa ja toteuttaa käytännössä.
2. Ajatus on luova voima, joka on vapautettava luovan hengen kukoistamiseksi.
3. Unelmat ovat merkkejä siitä, miten näemme maailman. Ne voivat olla myös jumalien viestejä, jotka kertovat tulevaisuudesta. Konkreettisten tulosten saavuttamiseksi on kuitenkin pysyttävä todellisuudessa.
4. Erottelu, tieto ja irtautuminen aineellisista asioista on toimittava kaikkien mielessä, jotka etsivät evoluutiota.

5. Tunne osan maailmankaikkeudesta on tulos parantumisprosessista ja tietoisuudesta. Osaat tunnistaa sisäisen äänesi.

Kuinka minun pitäisi tuntea?

Kiitos elämän lahjasta ja kaikesta, mitä isäsi on antanut sinulle. Jokaista saavutusta, päivittäistä elämää on vietettävä ikään kuin toista ei olisi. Älä vähätele itseäsi ja osaa tunnistaa roolisi kosmoksen ulottuvuudessa. Vanhempani näkevät heidät suuruudella huolimatta rajoituksestaan ja epäuskoistaan. Tee itsestäsi hyvien asioiden arvoinen.

Tee kuin pieni unelmoija Pernambuco sisämaasta, joka tunnetaan nimellä Divine. Kaikista elämän asettamista haasteista ja vaikeuksista huolimatta hän ei koskaan lakannut uskomasta suurempaan voimaan ja mahdollisuuksiinsa. Usko aina toivoon, koska Jumala rakastaa meitä ja haluaa meille parasta. Yritä kuitenkin tehdä osasi tässä prosessissa. Ole aktiivinen projekteissasi ja unelmissasi. Elä jokainen askel täysin, ja jos se epäonnistuu, älä lannistu. Voitto tulee ansaitsemalla.

Koulutuksen rooli

Olemme olentoja, jotka ovat valmiita kehittymään. Hoidosta, lapsuudesta ja jopa osallistumisesta itse kouluun voimme oppia ja olla yhteydessä muihin. Tämä vuorovaikutus on kriittinen kehityksellemme yleensä. Tässä vaiheessa opettajilla, vanhemmilla, ystävillä ja kaikilla tuntemillamme on keskeinen rooli persoonallisuuden rakentamisessa. Meidän on omaksuttava hyödylliset asiat ja hylättävä pahat kulkemalla oikealla tiellä kohti isää.

Johtopäätös

Suljen tässä ensimmäiset tekstit, jotka etsivät uskontojen tuntemista. Toivon, että minun näkökulmastani olet saattanut omaksua hyvät opetukset ja jos se auttaa, vaikka annan sen vain ihmiselle, kun otetaan huomioon käytetty aika. Halaus kaikille, menestys ja onnellisuus.

Voitto uskolla

Voitto hengellisistä ja lihallisista vihollisista

Niinpä sanoo Jahve: "Vanhurskaille, jotka oikein noudattavat käskyjäni harjoittamalla päivittäistä hyvän taidetta, lupaan jatkuvaa suojaa vihollisteni edessä. Vaikka joukko tai edes kaikki helvetti heittäytyy sinua vastaan, et pelkää mitään pahaa Minun nimelläni kymmenen tuhatta putoaa oikealla puolellasi ja sata minua vasemmalla puolellasi, mutta sinulle ei tapahdu mitään, sillä minun nimeni on Herra. "

Tämä Jumalan tunnusmerkki on tarpeeksi, jotta voimme rauhoittua vihollisten vihan edessä kaikissa tilanteissa. Jos Jumala on puolestamme, kuka on meitä vastaan? Itse asiassa missään universumissa ei ole ketään Jumalaa suurempaa. Kaikki, mitä on kirjattu elämänkirjaan, tapahtuu ja varmasti, voittosi tulee, veli. Epäoikeudenmukaisen voitto on olki, mutta vehnä pysyy ikuisesti. Joten uskotaan enemmän.

Ihmisen ja Jumalan suhde

Ihminen sai maan hallinnon, jotta hän saisi sen tuottamaan hedelmää ja menestymään. Kuten Jeesus opetti meille, suhteemme Jumalaan on oltava isältä pojalle, minkä seurauksena emme häpeä lähestyä häntä, vaikka synti saa hänet pelkäämään. Jahve vaalia hyvää sydäntä, ahkera ihminen, joka pyrkii parantamaan aina voidakseen seurata pysyvän evoluution polkua.

Synnin hetkellä on parasta pohtia, mikä sen aiheutti, jotta virhettä ei voida toistaa uudelleen. Vaihtoehtoisten polkujen etsiminen ja uusien kokemusten etsiminen lisää aina opetussuunnitelmaamme ja tekee meistä enemmän valmiita ihmisiä elämään.

Kaiken tämän pääkohde on avata elämäsi Pyhän Hengen toiminnalle. Hänen avullaan voimme päästä tasolle, jonka voimme sanoa liittyvän hyviin asioihin. Tätä kutsutaan ehtoollisuudeksi, ja se on välttämätöntä ja toimitettua ja intohimoista, jotta sitä voidaan elää täysimääräisesti. Fyysisen maailman asioista luopuminen ja pahan kieltäminen sisälläsi ovat välttämättömiä ja tehokkaita ehtoja uudestisyntymiseen muuttuvassa maailmassa. Meistä tulee ylösnousseen Kristuksen peili.

Usko Jahveen tuskissa

Elämme sovituksen ja todistamisen maailmassa, mikä saa meidät kärsimään jatkuvasti. Kärsimme kadonneen tai korvaamattoman rakkauden, kärsimme perheenjäsenen menetyksen, kärsimme taloudellisten ongelmien, kärsimme toisen väärinkäsityksen, kärsimme ihmisten jumalattomuuden aiheuttaman väkivallan vuoksi, kärsimme hiljaa heikkoutemme, kaipauksemme vuoksi, sairaudet ja kuolemanpelko, kärsimme tappioista ja surullisista päivistä, kun haluamme kadota.

Veljeni, koska kipu on väistämätöntä niille, jotka elävät tässä maailmassa, meidän on pidettävä kiinni Jehovasta ja hänen poikastaan Jeesuksesta Kristuksesta. Viimeksi mainittu tunsi iholla miehenä kaikenlaisia epävarmuustekijöitä, pelkoja, epäonnia, mutta ei koskaan luopunut onnellisuudesta. Olkaamme myös niin, elämällä joka päivä tunteella, että voit pärjätä paremmin ja sinulla on mahdollisuus edetä. Salaisuus on aina siirtyä eteenpäin ja pyytää häneltä apua ristien kantamiseen. Kaikkivaltias palkitsee vilpittömyytesi ja kääntymyksesi ja muuttaa elämäsi herkkujen mereksi. Kyse ei ole siitä, että varmistetaan kivun poissulkeminen, vaan siitä, kuinka osata elää yhdessä tavalla, joka ei vaikuta hyvään mielentilaan. Ja niin, elämä voi jatkua ilman suuria ongelmia.

Rehellinen uskollinen mies

Todellinen kristitty seuraa Jeesuksen esimerkkiä kaikissa olosuhteissa. Keskeisten käskyjen lisäksi sinulla on käsitys evankeliumista, elämästä itsestään, pahasta ja maailman vaarasta, ja tiedät parhaan tavan toimia. Kristityn on oltava esimerkki kansalaisesta, koska sosiaalisessa ympäristössä on noudatettavia ja noudatettavia sääntöjä. Yksi asia on usko ja toinen asia kunnioitus kumppaniasi kohtaan.

Mitä Jahve haluaa, on, että ihmisen on myös hänen kansalaisensa eikä vain maailma. Tätä varten on oltava hyvä isä, hyvä poika, hyvä aviomies, uskollinen ystävä, rukouksessa omistautunut palvelija, mies tai nainen, joka elää työn vuoksi, koska joutilaisuuden työpaja on paholaisen työpaja. Sitoutunut Jahven kysymykseen, ihminen voi ottaa tärkeän askeleen kohti onnellisuutta ja lopulta voittaa uskolla! Suuri halaus kaikille ja nähdään ensi kerralla.

Kristukset

Ihmisen tehtävä

Maa on luotu pitämään elämä usein ja muut tähdet hajallaan maailmankaikkeuden lukemattomissa osissa. Jahve Jumala, vakiintunut rakkaus, jonka vahvuus, voima, makeus ja armo haluavat luoda ihmisiä, erityisiä olentoja, joilla on etuoikeus olla hänen kuvansa ja kaltaisuutensa.

Mutta se, että se on heidän kuvansa ja samankaltaisuutensa, ei tarkoita, että heillä on sama olemus. Vaikka Jahvella on kaikki täydellisyyden predikaatit, ihminen on virheellinen ja syntinen synnynnäisesti. Jumala halusi siten osoittaa suuruutensa, hän rakasti meitä niin paljon, että antoi meille vapaan tahdon tarjoamalla avaimet, jotta voimme löytää itsellemme onnen polun.

Päätämme, että täydellisyyttä maan päällä ei ole koskaan saavutettu ikuisesti, mikä tuo esiin joitain antiikin legendoja tietyistä uskonnoista. Elämme kaksinaisuutta, ihmissuhteen olemassaolon perusedellytystä.

Nyt tulee kysymys: Mitä tarkoittaa maailmankaikkeuden ja itse elämän luominen? Jahve ja hänen suunnitelmansa ovat tuntemattomia useimmille ihmisille, monet heistä eivät edes tajua, mitä heidän ympärillään tapahtuu. Voimme sanoa, että isäni asuu ikuisesti ja ikuisesti, syntyi kaksi lasta, ihmisen Jeesus ja jumalallinen, loivat taivaalliset tähdet ensimmäisiksi heistä nimeltä "kalenquer". Tällä planeetalla, jonka näkökohdat muistuttavat nykyisen maan ominaisuuksia, loivat enkelit, jotka ovat toisessa järjestyksessä yleismaailmallisen tärkeyden mukaan. Sen jälkeen hän matkusti maailmankaikkeuden läpi jatkaakseen luomisen mysteeri jättäen auktoriteettinsa Jeesuksen, jumalallisen ja Mikaelin (omistautuneimman palvelijan) käsiin. Tämä tapahtui noin viisitoista miljardia vuotta sitten.

Tästä hetkestä tähän päivään universumi muuttui siten, että alkuperäistä luomista ei edes tunnisteta. Yhteistyön, ykseyden, hyväntekeväisyyden, rakkauden, lahjoituksen ja vapautuksen elämän merkitys on muuttunut kiistaksi, kateudeksi, valheeksi, vihollisuudeksi, rikokseksi, luonnonvarojen tuhoamiseksi, rahan ja vallan rakkaudeksi, individualismiksi ja voiton etsimiseksi kaikki kustannukset.

Sinne haluan päästä. Olen hengellisen Jahven poika ja tulin maan päälle suorittamaan kriittisen tehtävän. Haluan kutsua veljiäni isäni palkkioon ja valtakuntaani. Jos hyväksyt kutsuni, lupaan jatkuvan omistautumisen syihisi ja korkeimpaan onnellisuuteen. Mitä Jumala vaatii sinulta tähän?

Ole Kristus

Noin kaksituhatta vuotta sitten maalla oli etuoikeus ottaa vastaan Jumalan esikoinen. Hänen isänsä tunnetaan nimellä Jeesus Kristus tuomaan Jumalan todellisen sanan ja lunastamaan syntimme. Esimerkillään Jeesus kaivoi kolmekymmentäkolme vuotta kestäneen elämänsä aikana täydellisen ihmisen perustan, joka miellyttää Jumalaa. Jeesus tuli selvittämään ihmisen suhteiden Jumalaan perustekijöitä.

Messiaan elämän pääkohde oli hänen rohkeutensa antautua ristille palvelemalla uhrina syntisen ihmiskunnan hyväksi. "Todellinen ystävä on se, joka antaa henkensä toisen puolesta varauksetta, ja Kristus oli siitä elävä esimerkki."

Antautuminen, veljen luopuminen itsestään, suorien ja epäsuorien käskyjen pitäminen pyhissä kirjoissa ja hyvän tekeminen ovat aina edellytyksiä Jumalan valtakunnan perimiselle. Tämä on Jeesuksen valtakunta, minun ja kaikkien hyvien sielujen, kukin hänen ansaitussa paikassa.

Viljele terveellisiä, miellyttäviä ja inhimillisiä arvoja auttamalla maailmankaikkeuden jatkuvassa kehityksessä, ja istutat hyvän siemenen kohti iankaikkista valtakuntaa. Pysy kaukana huonoista vaikutteista ja älä tue joitain käytäntöjäsi. Osaa erottaa hyvä pahasta. Ole varovainen ja varovainen.

Maailma, jossa elämme, on esiintymismaailma, jossa kannattaa olla enemmän kuin olla. Tee se toisin. Ole poikkeus ja arvosta sitä, mitä se todella kannattaa. Kerää aarteita taivaalle, missä varkaat eivät varastaa tai koi ja ruoste syöpyvät.

Kaiken sen jälkeen, kun on puhuttu hyvillä sijoitteluilla, se riippuu henkilökohtaisesta pohdinnasta ja huolellisesta analyysistä. Se on vapaa valintasi integroitua tähän valtakuntaan vai ei, mutta jos sattumalta päätöksesi on kyllä, tunnen itseni ja kaikkien taivaallisten voimien omaksuman. Teemme tästä maailmasta paremman maailman edistämällä hyvää ja rauhaa ikuisesti. Ole yksi "Kristuksista". Tulevassa maailmassa, jumalan suostumuksella, olemme yhdessä isän kanssa täydellisessä sopusoinnussa ja mielihyvässä. Nähdään ensi kerralla. Herra on kanssasi.

Kaksi polkua

Valinta

Maa on luonnollinen ympäristö, jossa ihmisillä on mahdollisuus olla vuorovaikutuksessa toistensa kanssa, oppimalla ja opettamalla kokemustensa mukaan. Vapaan tahdon voimalla ihminen on aina tilanteissa, jotka edellyttävät päätöksentekoa. Tällä hetkellä resoluution maagista kaavaa ei ole, mutta analysoidaan vaihtoehtoja, jotka eivät aina tuota tyydyttäviä tuloksia.

Näissä valinnoissa tehdyt virheet saavat meidät kriittisemmästä hengestä ja avoimemmasta mielestä niin, että tulevaisuudessa meillä on enemmän osumia tuleviin valintoihin. Se on niin kutsuttu kokemus, koska se saavutetaan vain ajan myötä.

Maapallon polkumme kautta on ilmeistä, että maailmankaikkeudessa on kaksi säikeettä: yksi pahanlaatuinen ja toinen hyvänlaatuinen. Vaikka kukaan ei ole täysin huono tai hyvä, hallitseva toiminta on se, joka päättää puolestamme tässä riidassa.

Kokemukseni

Olen hengellisen Jahven poika, joka tunnetaan nimellä Messias, jumalallinen, Jumalan poika tai yksinkertaisesti näkijä. Olen syntynyt kylässä koillisen sisäpuolella, ja se antoi minulle mahdollisuuden ottaa yhteyttä ihmiskunnan pahimpiin haittoihin.

Valinnoilla on varmasti suuri painoarvo elämässämme ja erityisesti persoonallisuudellamme. Olen maanviljelijöiden poika, minua kasvatettiin hyvillä arvoilla ja seurasin niitä aina kirjeeseen asti. Kasvoin köyhtyneenä, mutta minulta ei koskaan puutunut ystävällisyyttä, anteliaisuutta, rehellisyyttä, luonnetta ja rakkautta toisia kohtaan. Silti minua ei pelastettu huonosta säästä.

Nöyrä tilani oli suuri vitsaus: minulla ei ollut rahaa kunnolliseen ruokaan, minulla ei ollut tarpeeksi taloudellista tukea opinnoissa, minut kasvatettiin sisätiloissa vähän sosiaalisen vuorovaikutuksen kanssa. Vaikka kaikki oli vaikeaa, päätin taistella tällä hetkellä etsimällä parempia päiviä, mikä on ensimmäinen tärkeä valinta.

Se ei ollut ollenkaan helppoa. Kärsin paljon, joskus menetti toivon, luovuin, mutta jokin syvällä sanoi, että Jumala tuki minua ja valmisti minulle polun täynnä saavutuksia.

Sillä hetkellä, kun olin jo luovuttanut itseni, Herra Jumala toimi ja vapautti minut. Hän hyväksyi minut pojaksi ja herätti minut täysin. Sieltä hän päätti elää minussa muuttaakseen lähimpien ihmisten elämää.

Kohde

Valokunta, lokakuu 1982

Ylempi neuvosto kokoontui kiireesti keskustelemaan tärkeästä kysymyksestä: Mikä olisi työn tekemisen henki? Yksi jäsenistä otti sanan lausumalla:

Tämä työ on kriittinen. Meidän on valittava joku, joka luottaa täysin ja on valmistautunut haasteeseen elää maan päällä.

Jäsenten välillä alkoi vakava keskustelu, joista kukin ehdotti. Koska he eivät päässeet sopimukseen, äänestettiin nopeasti, jossa valittu edustaja valittiin. Henki ja arkkienkeli valittiin heidän suojeluunsa.

Kun valinta oli tehty, Jahve hengitti ja henget lähetettiin maan päälle. Yksi lihallisesta ruumiista ja toinen hengellisestä ruumiista, joka pystyy selviytymään maapallon ympäristössä. Näin jumalallinen ja hänen rakastettu arkkienkeli saapuivat maan päälle ja tämä on samanlainen prosessi jokaiselle valitulle ihmiselle. Meillä kaikilla on jumalallinen olemus.

Tehtävä

Jumalallinen syntyi ja nousi hämmästyttävien vaikeuksien keskellä jossain Pernambuco takaosassa. Älykäs ja ystävällinen poika, on aina ollut hyödyllinen ihmisille yleensä. Jopa eläminen ennakkoluulojen, kurjuuden ja välinpitämättömyyden kanssa ei koskaan luopunut elämisestä. Tämä on suuri saavutus poliittisen ja sosiaalisen kauhistumisen edessä.

23-vuotiaana, hän asui ensimmäisen suuren taloudellisen ja henkilökohtaisen kriisin kanssa. Ongelmat saivat hänet saavuttamaan pohjan, ajan, jota kutsutaan sielun pimeäksi yöksi, jolloin hän unohti Jumalan ja periaatteensa. Jumalallinen kaatui pysähtymättä pohjattomalle kalliolle, kunnes jokin muuttui: Kun hän kaatui maahan, Jahven enkeli toimi ja vapautti hänet. Kunnia Jahvelle!

Sieltä asiat alkoivat muuttua: Hän sai työpaikan, aloitti yliopiston ja kirjoitti hoitoa varten. Vaikka tilanne oli edelleen vaikea, sillä oli ainakin parantumismahdollisuuksia.

Seuraavien neljän vuoden aikana hän valmistui yliopistosta, vaihtoi työpaikkaa, lakkasi kirjoittamasta ja aloitti seurannan alkaessaan kehittyä lahjaansa. Näin alkoi näkijän saaga.

Vision merkitys

Psyykkinen Divine hoiti itseään yksityisessä lääketieteellisessä klinikassa kuuluisan parapsykologin kanssa. Pitkän kuuden kuukauden hoidon jälkeen päädyttiin lopulta 12. istunnossa. Kirjoitan yhteenvedon alla olevasta kokouksesta:

St. Lawrence -klinikka sijaitsi Atalanta keskustassa, Pernambuco takamaalla, yksinkertaisessa yksikerroksisessa rakennuksessa, joka eksyi takamaiden pääkaupungin rakennusten keskelle. Jumalallinen oli saapunut kello kahdeksan aamulla, ja kun lääkäriä oli heti hoidettu. He molemmat menivät yksityiseen huoneeseen, ja saapuessaan sinne jumalallinen ja lääkäri Hector Smith menivät päähän. Viimeksi mainittu aloitti yhteydenoton:

"Minulla on hyviä uutisia. Olen kehittänyt aineen, joka kykenee muuttamaan henkiset sähköimpulssisi tallennettaviksi valokemiallisiksi yksiköiksi laitteellani. Tulosten mukaan pääsemme lopulliseen johtopäätökseen.

"Pelkään. Haluan kuitenkin tietää koko totuuden. Mene eteenpäin, tohtori.

"Sepä hienoa. (Lääkäri Hector Smith)

Kyltillä saatiin jumalallinen lähemmäksi outoa, pyöreää, laajaa laitetta, joka oli täynnä jalkoja ja johtoja. Laite oli halunnut manuaalisen lukijan ja parapsykologi auttoi nuorta miestä viemään kätensä. Yhteys aiheutti voimakkaan järkytyksen jumalallisessa ja tulokset näkyivät etsimessä toisella puolella. Sekuntia myöhemmin Divine veti kätensä ja lääkäri tulosti tuloksen automaattisesti.

Kokeen hallussa hän teki ilon kasvot ja palasi kommunikoimaan:

"Sitä epäilin. Näkemyksesi ovat osa luonnollista prosessia, joka liittyy toiseen elämään. Tavoitteenasi on vain opastaa sinua matkalla. Ei vasta-aiheita.

"Tarkoitatko, että olen normaali?

"Normaali. Oletetaan, että olet erityinen ja ainutlaatuinen planeetalla. Luulen, että voimme pysähtyä täällä. Olen tyytyväinen.

"Kiitos omistautumisestasi ja sitoutumisestani. Ystävyys pysyy.

"Sanon saman asian. Onnea, Jumalan poika.

"Sinäkin, hyvästi.

"Hei hei.

Se sanoi, että kaksi kävelivät pois heti. Tämä päivä merkitsi ilmoitusta jumalallisista visioista, ja sieltä hänen elämänsä seurasi normaalia kurssia.

Paljastettuaan näkyjä Divine päätti jatkaa työtä ja jatkoi kirjoittamista. Lahjansa vuoksi hän kutsui itseään "Näkijäksi" ja alkoi rakentaa saman nimistä kirjallisuussarjaa. Kaikki, mitä hän oli tähän mennessä rakentanut, osoitti hänelle, kuinka arvokasta oli työskennellä tehtävässä, jonka Jahve oli itse uskonut.

Divine kohtaa elämän tällä hetkellä optimistisesti. Vaikka elämä edelleen saarnaa hänelle yllätyksiä, hän pysyy tavoitteissaan osoittamalla henkilön arvon ja uskon. Hän on esimerkki siitä, että elämä ja sen vaikeudet eivät ole tuhonneet.

Sen menestyksen salaisuus on usko suurempaan voimaan, joka ohjaa kaikkea olemassa olevaa. Tämän voiman aseistamana ihminen voi voittaa esteet ja täyttää kohtalonsa, joka on varattu elämänviivoille.

Katso, salaisuus on tämä: "Elää elämää ilolla, uskolla ja toivolla. Muunna osa hänen työstään koko maailmankaikkeutta varten, ja tämän jumalallinen haluaa tehdä kirjallisuudellaan."

Onnea hänelle ja kaikille, jotka osallistuvat tämän maan kulttuuriin. Onnea kaikille ja rakastava halaus.

Ole aito korruptoituneessa maailmassa

Surua vaikeina aikoina

Epävanhurskaat kuolevat ja yrittävät useimmiten syyttää Jumalaa ja muita. Hän ei tajua saavuttavansa työnsä, mielettömyytensä hedelmiä yrittäessään elää hallitsematonta ja täynnä paheita. Neuvo on, että en välitä muiden menestyksestä tai kadehdi häntä. Yritä ymmärtää ja löytää oma tapa hyvien töiden kautta. Ole rehellinen, totta ja aito ennen kaikkea, ja sitten voitto tulee ansaitsemalla. Ne, jotka uskovat Jahveen, tulevat ulos pettyneinä hetkessä.

Asuminen turmeltuneessa maailmassa

Nykymaailma on hyvin dynaaminen, kilpailukykyinen ja täynnä väkivaltaa. Hyvä oleminen näinä päivinä on todellinen haaste. Usein uskolliset kokivat pettämistä, valheita, kateutta, ahneutta ja toivottomuutta. Isäni pyrkii käänteiseen suuntaan: ystävällisyys, yhteistyö, rakkaus, rakkaus, päättäväisyys, kynsi ja usko. Tee valintasi. Jos valitset hyvän, lupaan apuasi kaikissa sen aiheissa. Pyydän isältäni hänen unelmiaan, ja hän kuuntelee minua, koska kaikki on mahdollista niille, jotka uskovat Jumalaan.

Kehitä vakiintuneita arvoja, jotka antavat sinulle turvallisuutta ja vapautta. Vapaa tahto tulee käyttää kunniaasi ja hyvinvointiasi varten. Valitse olla hyvä apostoli. Jos kuitenkin kävelet pimeyden tietä, en voi auttaa sinua. Olen surullinen, mutta kunnioitan kaikkia sinun päätöksiäsi. Olet täysin vapaa.

Muta-meren edessä on mahdollista suodattaa hyvää vettä, ja tämän haluan tehdä kanssasi. Menneisyydellä ei ole enää väliä. Teen sinusta tulevaisuuden miehen: onnellinen, hiljainen ja tyytyväinen. Olemme onnellisia ikuisesti Isän Jumalan edessä.

Niin kauan kuin hyvää on olemassa, maa pysyy

Älä ole huolissasi tähtitieteellisistä ennusteista elämän loppumisesta maan päällä. Tässä on joku, joka on suurempi kuin minä. Niin kauan kuin maan päällä on hyvää, elämä säilyy, niin haluan. Ajan edetessä paha leviää maan päälle saastuttamalla istutuksiani. Tulee aika, jolloin kaikki toteutuu ja tehdään ero hyvän ja pahan välillä. Minun valtakuntani tulee päällesi, kun sallit uskollisten menestyksen. Tänä Herran päivänä maksetaan velat ja lahjojen jakaminen.

Valtakuntani on nautintojen valtakunta, jossa vallitsee oikeudenmukaisuus, isän suvereniteetti ja yhteinen onnellisuus. Jokainen, iso ja pieni, kumartaa hänen kunniaansa. Aamen.

Vanhurskaita ei ravista

Älä ole minä myrskyjen ja maanjäristysten keskellä. Ennen sinua on vahva Jumala, joka tukee sinua. Hänen aitous, kunnia, uskollisuus, anteliaisuus ja ystävällisyys pelastivat hänet. Heidän veljellinen tekonsa johtaa heidät suuren edessä, ja sinua pidetään viisaana. Elämässä olet osoittanut tarpeeksi olevan oikeutettu ja kohonnut. Elossa!

Ole poikkeus

Katso, minä olen vanhurskas, vaellan rehellisesti, harjoitan oikeudenmukaisuutta, puhun totuutta, en pilkkaa enkä tee vahinkoa muille. Olen poikkeus maailmassa, jossa valta, arvostus, vaikutusvalta ja ulkopuoli ovat tärkeimpiä. Siksi pyydän teitä, sir, suojele minua voimallasi kaikilta vihollisiltani. Kannattaako olemus hedelmää ja vie minut ansaitsemalla suurten joukkoon.

Ne, jotka halveksivat vanhurskautta ja lakia, eivät tunne sinua eikä käskyjäsi. Nämä otetaan navetastasi ja heitetään helvetin tuleen, jossa he maksavat yötä päivää lakkaamatta synneistään. Jokainen, jolla on korvia, kuuntelee.

Oma linnoitus

Vahvuuteni on uskoni ja tekoni todistavat hyvyydestäni. En voi saada tarpeeksi auttaa muita omasta tahdostani. En saa mitään vastineeksi, palkintoni tulee taivaasta. Herran päivänä, kun löydän itseni sylissäsi, minulla on todiste siitä, että ponnisteluni ovat olleet sen arvoisia.

Minun Jumalani on mahdottomien Jumala ja hänen nimensä on Jahve. Hän on tehnyt lukemattomia ihmeitä elämässäni ja kohtelee minua kuin poika. Siunattu olkoon nimesi. Liity myös tähän hyvään ketjuun: Auta ahdistuneita ja sairaita, auta tarvitsevia, opeta tietämättömiä, anna hyviä neuvoja niille, jotka eivät voi maksaa takaisin, ja sitten palkkasi on suuri. Hänen asuinpaikkansa on taivasten valtakunnassa minun ja isäni edessä, ja sitten voit maistella todellista onnea.

Arvot

Kehitä käskyissä ja jumalallisissa laeissa ehdotettuja arvoja. Rakenna aitoutesi ja sopivuutesi. Kannattaa olla maan päällä olevan onnellisuuden apostoli, saat lahjoja ja koet upeita tilanteita, jotka tekevät sinusta onnellisen. Onnea ja menestystä yrityksissäsi haluan koko sydämestäni.

Sisäisen rauhan tavoittelu

Luoja Jumala

Maailmankaikkeus ja kaikki sen sisältämät ovat Pyhän Hengen työtä. Tämän loistavan kirkkauden olennon pääpiirteet ovat: Rakkaus, uskollisuus, anteliaisuus, voima, voima, suvereniteetti, armo ja oikeudenmukaisuus. Hyvät asiat, kun ne saavuttavat täydellisyyden, sulautuvat valoon, ja pimeys imeytyy pimeyteen ja laskee alempiin asteisiin seuraavissa inkarnaatioissa. Taivas ja helvetti ovat vain mielen ilmaisuja eivätkä tiettyjä paikkoja.

Tosi rakkaus

Huolimatta erittäin suuresta ja voimallisesta Jumalasta, Jahve huolehtii jokaisesta lapsestaan henkilökohtaisesti tai palvelijoidensa välityksellä. Hän etsii onneasi hinnalla millä hyvänsä. Kuten äiti tai isä, hän tukee meitä ja auttaa meitä vaikeina aikoina paljastamalla käsittämätöntä rakkautta ihmisiin. Todellakin, maan päällä, emme löydä ihmisissä tällaista puhdasta ja kiinnostavaa vähemmän rakkautta.

Tunnusta itsesi syntiseksi ja rajoitetuksi

Ylellisyys, ylpeys, itseluottamus, illuusio ja omavaraisuus ovat ihmiskunnan pahoja vihollisia. Saastuneet he ymmärtävät, että ne ovat vain yksinkertainen pölymassa. Katso ja vertaa: Minä, joka loin aurinkoja, mustia aukkoja, planeettoja, galakseja ja muita tähtiä, en kerskaa sitä enemmän sinä. Alistu vahvuudellesi ja ota uusia asenteita.

Nykyaikaisen maailman vaikutus

Nykymaailma luo ylittämättömiä esteitä ihmisen ja luojan välille. Elämme tekniikan, tiedon, mahdollisuuksien ja haasteiden ympäröimänä. Tällaisessa kilpailutilanteessa ihminen unohtaa päämiehen, suhteensa sinuun. Meidän on oltava kuin muinaiset opettajat, jotka etsivät Jumalaa lakkaamatta ja joilla on tavoitteet hänen tahtonsa mukaan. Vain tällä tavalla menestys tulee sinulle.

Kuinka integroitua isän kanssa

Olen elämän todiste siitä, että Jumala on olemassa. Luoja on muuttanut minut pienestä luolien haaveilijasta kansainvälisesti tunnustetuksi mieheksi. Kaikki tämä oli mahdollista, koska integroin isäni kanssa. Kuinka se oli mahdollista? Luovuin yksilöllisyydestäni ja annoin valovoimien toimia täysin suhteissani. Tee niin kuin minä ja menen herkkujen valtakuntaamme, jossa maito ja hunaja virtaa, paratiisi lupasi israelilaisille.

Viestinnän merkitys

Älä unohda uskonnollisia velvoitteitasi. Aina kun voit tai ainakin kerran päivässä, rukoile kiihkeästi puolestasi ja maailmasta. Samaan aikaan sielusi on täynnä armoja. Vain ne, jotka ovat pysyviä, voivat saavuttaa ihmeen.

Asioiden keskinäinen riippuvuus ja viisaus

Katsokaa maailmankaikkeutta ja huomaat, että kaikella on syy ja tehtävä, vaikka se olisikin pieni kokonaisuuden toiminnalle. Joten myös hyvä on legioonan, joka on valmis taistelemaan puolestamme. Tunne Jumala sisälläsi.

Älä syyttää ketään

Älä syytä kohtaloa tai Jumalaa valintojesi tuloksesta. Harkitse päinvastoin ja yritä olla tekemättä samoja virheitä. Jokaisen kokemuksen tulisi toimia omaksuttavana oppimisena.

Osana kokonaisuutta

Älä aliarvioi työtäsi maan päällä. Pidä se yhtä tärkeänä evoluutiollesi ja muillekin. Tunne olevasi siunattu olemaan osa suurta elämän teatteria.

Älä valittaa

Riippumatta siitä, kuinka paljon ongelmasi on, elämä yrittää osoittaa, että on ihmisiä, jotka ovat huonommissa tilanteissa kuin sinun. Osoittautuu, että suurimman osan kärsimyksistämme psykologisesti asettaa terveyden ja hyvinvoinnin idealisoitu taso. Olemme heikkoja, rappeutuvia ja naiiveja. Mutta useimmat ihmiset ajattelevat sinun olevan ikuinen supersankari.

Katso toisesta näkökulmasta

Yritä rauhoittua ahdistuksen hetkellä. Huomaa tilanne toisesta näkökulmasta, ja sitten alun perin pahan näköisellä on varmasti positiivisia puoliaan. Keskity henkisesti ja yritä ottaa uusi suunta elämääsi.

Totuus

Olemme niin hukkuneet huolissamme, ettemme edes tajua pieniä lahjoja, ihmeitä ja rutiininomaisia armoja, jotka saamme taivaalta. Ole onnellinen siitä. Pienellä vaivalla sinua siunataan vielä enemmän, koska isäni toivoo sinulle parasta.

Ajattele toista

Kun ajatuksesi ovat erittäin huolissasi veljestäsi, taivas juhlii. Toimimalla anteliaasti henkemme on kevyt ja valmis korkeammille lennoille. Tee aina tämä harjoitus.

Unohda ongelmat

Harjoittele luovuutta, lukemista, positiivisia tunnelmia, meditaatiota, hyväntekeväisyyttä ja keskustelua, jotta ongelmat eivät vaivaa sieluasi. Älä pura muille kuljettamaasi raskasta kuormaa, jolla ei ole mitään tekemistä henkilökohtaisten ongelmiesi kanssa. Tee päivästäsi vapaa ja tuottava olemalla ystävällinen.

Kasvot syntymä ja kuolema prosessina

Syntymä ja kuolema ovat luonnollisia tapahtumia, joihin on suhtauduttava rauhallisesti. Suurin huolenaihe on, kun ihminen elää muuttamaan asenteemme ensisijaisesti hyödyksi muille. Kuolema on vain kohta, joka johtaa meidät korkeampaan olemassaoloon palkinnoilla, jotka vastaavat ponnistuksiamme.

Kuolemattomuus

Ihminen tulee ikuiseksi tekojensa ja arvojensa kautta. Tämä on perintö, jonka se jättää tuleville sukupolville. Jos puiden hedelmät ovat pahempia kuin sielu, ei ole arvoa sitä, että luoja kynsitään ja heitetään ulkoiseen pimeyteen.

Ole ennakoiva asenne

Älä vain seiso siellä. Etsikää tietoa uusista kulttuureista ja tapaa uusia ihmisiä. Kulttuurimatkatavarasi on suurempi ja näin ollen tulokset ovat parempia. Ole myös viisas mies.

Jumala on henki

Rakkautta ei voida nähdä, sinusta tuntuu. Niin on myös Herran kanssa, emme voi nähdä häntä, mutta tunnemme päivittäin sydämessämme hänen veljellisen rakkautensa. Kiitä joka päivä kaikesta, mitä hän tekee puolestasi.

Visio uskosta

Usko on jotain, joka on rakennettava jokapäiväiseen elämäämme. Ruoki häntä positiivisilla ajatuksilla ja vakaalla asenteella tavoitteeseensa. Jokainen askel on tärkeä tällä mahdollisella pitkällä matkalla.

Noudata käskyjäni

Menestyksen ja onnellisuuden salaisuus on käskyni noudattamisessa. Ei ole mitään syytä sanoa sanoin, että rakastat minua, jos et noudata sitä, mitä sanon. Todellakin ne, jotka rakastavat minua, noudattavat lakiani ja päinvastoin.

Kuollut usko

Jokainen usko ilman tekoja on todella kuollut. Jotkut sanovat, että helvetti on täynnä hyviä aikomuksia ja siinä on suuri totuus. Haluttomuudesta ei ole hyötyä, mutta sinun on osoitettava rakastavasi minua.

Onko sinulla toinen visio

Kaikki kärsimykset tai tappiot eivät ole täysin pahoja. Jokainen kokemamme negatiivinen kokemus tuo jatkuvaa, vahvaa ja kestävää oppimista elämäämme. Opi näkemään asioiden positiivinen puoli, niin olet onnellisempi.

Heikkoudesta tulee vahvuus

Mitä tehdä herkässä taloudellisessa tilanteessa

Maailma on hyvin dynaaminen. On tavallista, että suuren vaurauden vaiheet johtuvat suurista taloudellisista vaikeuksista. Suurin osa ihmisistä, kun heillä on hyvissä ajoin, unohtaa jatkaa taistelua ja uskonnollista osaa. He yksinkertaisesti tuntevat itsensä riippuvaisiksi. Tämä virhe voi johtaa heidät pimeään kuiluun, josta on vaikea paeta. Tällä hetkellä on tärkeää analysoida tilanne kylmästi, tunnistaa ratkaisut ja mennä taistelemaan suuressa uskossa Jumalaan.

Uskonnollisella tuella pystyt voittamaan esteet ja löytämään tapoja toipua. Älä syytä itseäsi liikaa epäonnistuneesta menneisyydestäsi. Tärkeää on siirtyä eteenpäin uudella ajattelutavalla, joka on muodostettu liittyneenä karkeuteen ja uskoon, joka kasvaa sydämessäsi, kun annat elämäsi isälleni. Uskokaa minua, hän on ainoa pelastus kaikkiin ongelmiinne.

Katso, miehelle on kerrottu, että kaikki myönnetään hänelle niin kauan kuin hän aina kulkee hyvän polulla. Siksi yritä pitää pyhien kirjoitusten käskyt ja pyhien suositukset. Älä ole ylpeä siitä, että vähättelet heitä, koska elämän esimerkin avulla he pystyivät tunnistamaan Jumalan keskellä raunioita. Ajattele sitä ja onnea.

Perheongelmien kohtaaminen

Syntymästä lähtien olemme integroituneet ensimmäiseen ihmisyhteisöön, joka on perhe. Se on arvojemme ja viitteidemme perusta suhteissamme. Kuka on hyvä isä, aviomies tai poika, on myös suuri kansalainen, joka hoitaa tehtäviään. Kuten kaikki ryhmät, erimielisyydet ovat väistämättömiä.

En pyydä sinua välttämään kitkaa, tämä on käytännössä mahdotonta. Pyydän teitä kunnioittamaan toisiaan, tekemään yhteistyötä keskenään ja rakastamaan toisiaan. Yhdistynyt perhe ei koskaan pääty loppuun ja voi yhdessä valloittaa suuria asioita.

Taivaassa on myös konsolidoitu henkinen perhe: Jahven, Jeesuksen ja Jumalan valtakunta. Tämä valtakunta saarnaa oikeudenmukaisuutta, vapautta, ymmärrystä, suvaitsevaisuutta, veljeyttä, ystävyyttä ja ennen kaikkea rakkautta. Tässä hengellisessä ulottuvuudessa ei ole kipua, itkemistä, kärsimystä tai kuolemaa. Kaikki on jäänyt taakse ja valitut uskolliset on pukeutunut uudelle ruumiille ja uudelle olemukselle. Kuten kirjoitetaan, "vanhurskaat loistavat kuin aurinko isänsä valtakunnassa".

Taudin tai jopa kuoleman voittaminen

Fyysinen sairaus on luonnollinen prosessi, joka tapahtuu, kun jokin ei mene hyvin kehoomme. Jos tauti ei ole vakava ja voitetaan, sillä on sielun luonnollinen puhdistus, joka vahvistaa nöyryyttä ja yksinkertaisuutta. Taudin kärsiminen on se, että olemme pienuutemme aikaan ja samalla tulvimme Jumalan suuruuteen, joka voi tehdä mitä tahansa.

Kuolemaan johtavan sairauden tapauksessa se on lopullinen passi toiseen suunnitelmaan, ja käytöksemme mukaan meillä on erityinen suunnitelma. Mahdollisuudet ovat: Helvetti, väkivalta, taivas, ihmisten kaupunki ja puhdistamot. Jokainen on tarkoitettu yhdelle heistä evoluutiolinjansa mukaisesti. Tässä vaiheessa saamme vain täsmälleen ansaitsemamme, ei enempää eikä vähempää.

Niille, jotka pysyvät maan päällä, seuraa kaipaus perheen jäännöksistä ja elämästä. Maailma ei ole pysäkki kenellekään, kukaan ei ole korvaamaton. Hyvät teot ovat kuitenkin jäljellä ja todistavat meistä. Kaikki kulkee, paitsi Jumalan voima, joka on ikuinen.

Tapaa itsesi

Missä on onneni? Mitä tehdä pysyäksesi hyvin maan päällä? Sitä monet ihmiset kysyvät. Liikesalaisuudesta ei ole paljon, mutta voittavat ihmiset ovat yleensä niitä, jotka omistavat aikansa muiden ja ihmiskunnan hyväksi. Palvelemalla muita he tuntevat olevansa täydellisiä ja ovat halukkaampia rakastamaan, olemaan yhteydessä ja voittamaan.

Koulutus, kärsivällisyys, suvaitsevaisuus ja Jumalan pelko ovat avaintekijöitä harvinaisen ja ihailtavan persoonallisuuden rakentamisessa. Tekemällä näin ihminen voi löytää Jumalan ja tietää tarkalleen, mitä hän haluaa elämäänsä. Saatat jopa ajatella olevasi oikealla tiellä, mutta ilman näitä ominaisuuksia olet vain väärennös. Rakastat vain ihmisiä, jotka todella luovuttavat itsensä ja ymmärtävät toistensa puolta. Opi minulta, että olen puhdas, tietoinen, hyväntekeväisyys ja rakastava. Siitä tulee erityistä isälleni ja maailma pidetään. Muista: Ei elämääsi suuremmalle kuin kuilu tai pimeys, heikkoudesta tulee voimaa.

Sophia

Oikeus

Oikeudenmukaisuus ja epäoikeudenmukaisuus ovat kynnyksiä toisilleen, ja ne ovat hyvin suhteellisia. Jaetaan se kahteen osaan: Jumalan valtakuntaan ja ihmisvaltakuntiin. Kertoo Jumalasta, että oikeudenmukaisuus liittyy läheisesti Jahven suvereenisuuteen, joka käy ilmi hänen käskyistään, näkemykseni mukaan yhteensä kolmekymmentä. Se on käytännön asia: Joko noudatat Jumalan valtakunnan normeja vai et, ja ne, jotka kieltäytyvät näkemästä näiden tavoitteiden suuruutta, ovat edelleen kadonneen sielun valitus. Kapinalliset sielut, jotka onnistuvat nousemaan ylös jossain vaiheessa elämää, voivat kuitenkin vakaasti uskoa Herran, hänen pyhän isänsä, armoon. Isä Jumala on olento, jolla on äärettömät tehtävät.

Ihmisen oikeudenmukaisuudella on ohjeet jokaisessa kansakunnassa. Miehet pyrkivät ajan myötä varmistamaan rauhan ja oikeuden maan päällä, vaikka näin ei aina käy. Tämä johtuu vanhentuneesta lainsäädännöstä, korruptiosta, alaikäisiä koskevista ennakkoluuloista ja itse epäonnistumisesta. Jos sinusta tuntuu, että sinua on loukattu, niin kuin minä olen koskaan tuntenut anomuksesi Jumalalle. Hän ymmärtää kivun ja varmistaa voittonsa oikeaan aikaan.

Kaikissa suhteissa epäoikeudenmukaisuus on muinaisen ja nykyisen ihmiskunnan pahuus. Sitä on taisteltava, jotta vanhurskailla olisi oikeus sinun. Mitä ei voi tapahtua, on yrittää tehdä oikeutta? Muista, että Jumala ei ole tuomita ja tuomita ketään.

"Kun huudan sinua, vastaa minulle, vanhurskauteni Jumala". (SM 4.2)

Turvapaikka oikeaan aikaan

Olemme henkisiä olentoja. Jossakin vaiheessa taivaassa olemassaolomme valitaan ja inkarnoituu ihmiskehoon hedelmöityksen hetkellä. Tavoitteena on täyttää missio kehittymällä muiden ihmisten kanssa. Joillakin on suurempia tehtäviä ja toisilla pienempiä, mutta kaikilla on toiminto, josta planeetta ei voi luopua.

Ensimmäinen yhteytemme on perheessä, ja yleensä näiden ihmisten kanssa elämme pidempään ja koko elämämme. Jopa perhesidoksen naimisissa olevat lapset eivät ole sammuneet.

Sosiaalisen yhteydenpidon avulla meillä on pääsy muihin erilaisiin näkemyksiimme. Siellä vaara on täsmälleen. Nykyään meillä on valtava nuorten sukupolvi, joka etsii pahaa puolta. He ovat teini-ikäisiä ja aikuisia, jotka eivät kunnioita vanhempiaan, palvovat huumeita ja saavat sen varastamaan ja jopa tappamaan. Jopa niin kutsutut luotetut ihmiset voivat piilottaa vaaran yrittäessään vaikuttaa meihin tekemään pahaa. Siellä on myös toinen puoli: Valheiden, väkivallan, kiusaamisen, ennakkoluulojen, valehtelun, epälojaalisuuden pommittamat monet eivät usko ihmiskuntaan ja ovat lähellä uusia ystävyyssuhteita. On tervehdyttävää miettiä, että luotettavia ihmisiä on todella vaikea löytää, mutta jos olet yksi näistä onnekkaista, pidä heidät rintasi oikealla ja vasemmalla puolella loppuelämäsi ajan.

Paljasta tämä, kun joutuu epäonnien puoleen, käänny todellisten ystäviesi tai lähisukulaisten puoleen ja jos et vieläkään löydä tukea, etsi turvapaikkaa Jumalalta oikeaan aikaan. Hän on ainoa, joka ei hylkää häntä enää, koska hänen tilanteensa on epävakaa. Anna tuskaasi ja uskoasi parempina päivinä mahdottoman Jumalaan, etkä tee parannusta.

"Ahdistuksessa sinä lohdutit minua. Armahda minua ja kuuntele minua rukouksessa. (Psalmi 4.2)

Maailman viettely ja Jumalan tapa

Maailma on suuri alue, jolla Jumalan lapset ja paholainen työskentelevät asioidensa hyväksi. Kuten missä tahansa evoluutioltaan jäljessä olevassa maailmassa, me elämme veristä kaksinaisuutta, jonka ihmiset muodostavat yhteiskunnan muodostaviin ryhmiin.

Vaikka sanomme, että useimmilla ihmisillä on hyvät aikomukset, näkemäsi on terveen järjen virtualisointi. Useimmat pitävät parempana maailman asioita kuin Jumalan asioita. Ihmiset kaipaavat valtaa, rahaa, kilpailevat arvostuksesta, uppoutuvat hallitsemattomiin puolueisiin, harjoittavat syrjäytymistä ja levottomuuksia, harjoittavat juoruja ja herjaavat toisiaan, mieluummin nousevat hierarkian asteikolle huijaamalla, tuomitsemalla ja ylittämällä toiset. Minä, Jahven edustajana, en epäile, etteivätkö nämä ihmiset ole Jumalasta. He ovat paholaisen tervan tyttäriä, jotka palavat armottomasti helvetin syvyydessä. Se ei ole tuomiota, se on todellisuus kasvien korjuusuhteessa.

Jos sinulla on arvoja ja uskot hyvän voimiin, kutsun sinut olemaan osa isäsi valtakuntaa. Luopumalla maailmasta näet vihdoin Jumalamme suuruuden ja hyvyyden. Isä, joka hyväksyy sinut sellaisena kuin olet ja rakastaa sinua rakkaudella, jota ymmärrys tavoittaa. Tee valintasi. Täällä kaikki on ohikiitävää ja vieressämme voit kokea, mitä sana todella tarkoittaa "täyttä onnea".

"Oi miehet, kuinka kauan hänen sydämensä on paadutettava, rakastat turhuutta ja etsit valheita? (Psalmit 4: 3).

Tutustuminen Jahween

Jahve on upein olento siellä. Kokemuksestani olen tuntenut tämän rakastavan isän kasvot, joka haluaa aina hyvää. Miksi et antaisi hänelle mahdollisuutta? Anna ristisi ja toiveesi hänelle, jotta vahva käsi voi muuttaa elämäsi. Takaan, ettet ole enää sama. Toivon vilpittömästi, että heijastat näitä muutamia sanoja ja teet lopullisen päätöksen elämässäsi. Lisäksi odotan sinua. Onnea. Rakastan sinua, veljet!

Vanhurskaat ja suhde Jahveen

Suhde Jahveen

Kiitä aina hengellistä isääsi kaikista armoista, jotka hänen elämänsä aikana on annettu. Kiitos ja onnellinen tunne siitä, että Jahve antoi hänelle elämän, on velvollisuus. Hänen nimensä on pyhä ja peitetty kunniassa kaikkialla maailmassa. Hätätilanteessa tai tarvetta turvautua siihen, ja varmasti, se avaa tiensä osoittamalla lopullisen ratkaisun ongelmaan.

Ongelmista puhuen, monilla heistä on syy vihollistensa toimintaan. Luota isäni ja maailmankaikkeuden paluun lakiin, jotka haluavat pahaa, kompastuvat. Tiedä, että isä Jumala on aina sinun vieressäsi, vain luottaa häneen enemmän. Isä lepää aina vanhurskaita. Sinun on kuitenkin kokeiltava lähestymistapaa, joka ei tykkää. Tee vihollisestasi läheinen ja uskollinen ystävä tai ainakin ole ystävällinen suhde. Juonittelu pitää sielun pimeydessä, poissa jumalallisesta toiminnasta, eikä ole mitään syytä valittaa poissaolosta, sinä itse pidät sen kaukana kaunasi ja halveksuntasi toisia kohtaan. Ajattele sitä.

Kyllä, Jumala rakastaa sinua ja täyttää odotuksesi siinä määrin kuin hyvää olet tehnyt muille. Varmista, että jos luovut siitä kokonaan, hän saa kansansa taistelemaan sinua puolestasi kaikissa esiintyvissä sisäisissä ja ulkoisissa sodissa. Hän pystyy avaamaan meren tai tuhoamaan kansoja hyväksi, koska uskollisesti olet kääntynyt hänen puoleensa.

Hän tekee voidakseen laulaa kirkkauttaan ja surussaan sielunsa liittyä valittuihin sieluihin hillitsemään Jeesusta. Jumalan valtakuntaa rakennetaan vähitellen, ja suurin osa sen jäsenistä on sydämen köyhiä ja nöyriä. Tässä hengellisessä ulottuvuudessa jäsentensä keskuudessa on vain rauhaa, onnea, uskoa, tasa-arvoa, yhteistyötä, veljeyttä ja rakkautta ilman rajoja. Ne, jotka lähtevät seuraamaan pimeyden polkua, ovat nyt tulen ja tulikiven järvi, jossa heitä kidutetaan päivin ja öin syntinsä vakavuuden vuoksi.

Tätä kutsutaan jumalalliseksi oikeudenmukaisuudeksi. Oikeus antaa sen, mitä kaikki ansaitsevat oikealla tavalla, ja hän tekee sen sorrettujen, vähemmistöjen, kärsivien köyhien, kaikkien konservatiivisen eliitin alaisuudessa kärsivien maailman pienimpien kunniaksi. Oikeuden lisäksi jumalallinen armo löytyy ja on läpäisemätön kaikille mielille. Siksi hän on Jumala, joku, joka on aina avosylin saadakseen lapsensa.

Mitä sinun pitäisi tehdä

Tapasin jumalallisen isän elämäni vaikeimmalla hetkellä, hetkessä, kun olin kuollut ja toiveeni loppuivat. Hän opetti minulle arvojaan ja kuntoutti minut täysin. Hän voi tehdä saman sinulle. Sinun tarvitsee vain hyväksyä hänen loistavan nimensä toiminta elämässään.

Noudatan joitain perusarvoja: Rakkaus ensin, ymmärtäminen, kunnioitus, vastaavuus, yhteistyö, suvaitsevaisuus, solidaarisuus, nöyryys, irtautuminen, vapaus ja omistautuminen lähetystyöhön. Yritä huolehtia elämästäsi ja älä herjaa toista, koska Jahve tuomitsee sydämensä. Jos joku satuttaa sinua, älä ajattele uudelleen, käännä toista poskea ja voittaa kaunasi. Kaikki menettävät ja ansaitsevat toisen mahdollisuuden.

Yritä viettää mielesi työ- ja vapaa-ajan toiminnoilla. Laiska on vaarallinen vihollinen, joka voi johtaa lopulliseen tuhoon. Aina on jotain tekemistä.

Yritä myös vahvistaa hengellistä osaa, käydä usein kirkossasi ja hanki neuvoja hengelliseltä oppaaltasi. On aina hyvä saada toinen mielipide, kun epäilemme tekemistämme päätöksistä. Ole varovainen ja opi virheistäsi ja menestyksistäsi.

Ole ennen kaikkea itsesi kaikissa tilanteissa. Kukaan ei huijaa Jumalaa. Toimi yksinkertaisella tavalla ja ole aina uskollinen, että Jumala antaa sinulle vieläkin suuremmat kannat. Heidän suuruutensa taivaassa mitataan heidän palveluksessaan, maan pienimmätkin koristellaan erityisillä paikoilla, lähellä suurempaa valoa.

Annan teille kaiken toivoni

Herra Jahve, sinä, joka katsot ponnisteluitani yötä päivää, pyydä sinulta ohjausta, suojaa ja rohkeutta jatkaa ristini kantamista. Siunaa sanojani ja tekojani niin, että ne ovat aina hyviä, ylistävät ruumiini, sieluni ja mieleni. Toteuttakoon unelmani ilman merta niin pitkälle kuin ne voivat olla. Älä anna minun kääntyä oikealle tai vasemmalle. Kun kuolet, anna minulle armo elää valittujen kanssa. Aamen.

Ystävyys

Todellinen ystävä on se, joka on kanssasi huonoina aikoina. Hän puolustaa sinua sielustaan ja elämästään. Älä hämää. kun olet onnistunut sinua ympäröivät aina ihmiset, joilla on vaihtelevimmat kiinnostuksen kohteet. Mutta pimeinä aikoina vain todelliset ovat jäljellä. Enimmäkseen perheesi. Ne, jotka viittaavat niin paljon ja haluavat hyvää, ovat heidän todellisia ystäviään. Muut ihmiset ovat aina lähellä etuja.

"Syöt hunajaleipää kanssani vain, jos syöt ruohoa kanssani." Tämä tosi lause ilmaisee yhteen, kenelle meidän pitäisi antaa todellinen arvo. Ohimenevä rikkaus houkuttelee monia etuja ja ihmiset muuttuvat. Osaa miettiä asioita. Kuka oli kanssasi köyhtynyt? Nämä ihmiset ansaitsevat todella luottamuksen. Älä mene lankaan vääristä intohimoista, jotka satuttavat. Analysoi tilanne. Onko sillä jollakulla sama tunne sinua kohtaan, jos olisit köyhä kerjäläinen? Mietiskele sitä ja löydät vastauksesi.

Se, joka kieltää sinut julkisesti, ei ole hänen rakkautensa arvoinen. Jokainen, joka pelkää yhteiskuntaa, ei ole valmis olemaan onnellinen. Monet ihmiset, jotka pelkäävät hylätyksi seksuaalisen suuntautumisensa vuoksi, hylkäävät kumppaninsa julkisesti. Tämä aiheuttaa vakavia psykologisia häiriöitä ja jatkuvaa henkistä kipua. On aika miettiä valintasi uudelleen. Kuka todella rakastaa sinua? Olen varma, että tämä henkilö, joka hylkäsi sinut julkisesti, ei ole heidän joukossaan. Ota rohkeutta ja muuta elämäsi reittiä. Jätä menneisyys taakse, tee hyvä suunnitelma ja siirry eteenpäin. Heti kun lopetat kärsimyksen toisen puolesta ja otat elämän ohjat, polkusi on kevyempi ja helpompaa. Älä pelkää ja ota radikaali asenne. Vain se voi vapauttaa sinut.

Anteeksianto

Anteeksianto on äärimmäisen välttämätöntä mielenrauhan saavuttamiseksi. Mutta mitä tarkoittaa antaa anteeksi? Anteeksianto ei ole unohtaminen. Anteeksi antaminen tarkoittaa lopettaa tilanne, joka on tuonut sinulle surua. On mahdotonta poistaa muistoja tapahtuneesta. Tämän otat mukaasi loppuelämäsi ajan. Mutta jos juutut menneisyyteen, et koskaan asu nykyisyydessä, etkä ole onnellinen. Älä anna muiden ottaa pois rauhasi. Anteeksi minulle eteenpäin siirtyminen ja uusien kokemusten eläminen. Anteeksianto vapauttaa sinut vihdoin ja olet valmis saamaan uuden näyn elämästä. Se mies, joka sai sinut kärsimään, ei voi tuhota elämääsi. Ajattele, että on muitakin hyviä miehiä, jotka pystyvät tarjoamaan sinulle hyviä aikoja. Ole positiivinen asenne. Kaikki voi parantua, kun uskot siihen. Positiiviset värähtelymme vaikuttavat elämäämme siten, että voimme voittaa. Älä suhtaudu negatiivisesti tai pikkutarkasti. Tämä voi johtaa tuhoisiin tuloksiin. Päästä eroon kaikesta sielusi läpi kulkevasta pahasta ja suodata vain hyvää. Säilytä vain se, mikä lisää sinulle hyviä asioita. Uskokaa minua, elämäsi paranee tämän asenteen jälkeen.

Keskustele inhoasi rehellisesti. Tee odotuksesi selkeiksi. Selitä, että olet antanut anteeksi, mutta et anna sille toista mahdollisuutta. Rakastavan menneisyyden elämä voi olla molemmille erittäin tuhoisa. Paras valinta on ottaa uusi suunta ja yrittää olla onnellinen. Me kaikki ansaitsemme onnea, mutta kaikki eivät usko siihen. Osaa odottaa Jumalan aikaa. Ole kiitollinen hyvistä asioistasi. Jatka unelmiesi ja onnesi etsimistä. Kaikki tapahtuu oikeaan aikaan. Luojan suunnitelmat meille ovat täydellisiä, emmekä edes tiedä miten ymmärtää. Anna elämäsi täysin Jumalan suunnitelmille, ja kaikki onnistuu. Pidä lähetystyötäsi ilolla, ja sinulla on ilo elää. Anteeksiannon muoto muuttaa elämäsi tavalla, jota et ole koskaan ajatellut, ja se huono tapahtuma on vain vanhentunut este. Jos et opi rakkaudessa, opit tuskassa. Tämä on sanonta, joka soveltuu tähän tilanteeseen.

Löydä tienne

Jokaisella henkilöllä on erityinen ja ainutlaatuinen polku. Ei ole mitään järkeä seurata mitään parametreja. Tärkeää on tutkia mahdollisuuksia. Riittävän tiedon saaminen on ensiarvoisen tärkeää ammatillisen tai rakastavan päätöksen tekemiseksi. Uskon, että taloudellinen tekijä on otettava huomioon, mutta sen ei pitäisi olla välttämätöntä päätöksessäsi. Usein se, mikä tekee meistä onnellisia, ei ole rahaa. Se on tietyn alueen tilanteita ja tuntemuksia. Löydä lahjasi, pohdi tulevaisuuttasi ja tee päätös. Ole tyytyväinen valintoihisi. Monet heistä muuttavat lopullisesti kohtaloamme. Ajattele siis hyvin ennen valintoja.

Kun teemme oikean valinnan, kaikki elämässämme sujuu täydellisesti. Oikeiden valintojen avulla voimme saavuttaa konkreettisia ja kestäviä tuloksia. Mutta jos teet virheen päätöksessä, muuta suunnitelmiasi ja yritä saada se oikein seuraavalla kerralla. Et korvaa menetettyä aikaa, mutta elämä on antanut sinulle uuden mahdollisuuden menestykseen. Meillä on oikeus kaikkiin elämän mahdollisuuksiin. Meillä on oikeus kokeilla niin monta kertaa kuin tarvitsemme. Kuka ei ole koskaan tehnyt virhettä elämässään? Mutta kunnioita aina muiden tunteita. Kunnioita muiden ihmisten päätöksiä. Hyväksy epäonnistumisesi. Se ei vähennä kapasiteettiasi. Ota omaksesi uusi alku ja älä tee enää syntiä. Muistatko, mitä Jeesus sanoi? Voimme jopa antaa anteeksi, mutta sinun täytyy hävetä ja muuttaa asennettasi. Vasta sitten olet valmis olemaan taas onnellinen. Usko ominaisuuksiisi. Sinulla on hyvät eettiset arvot äläkä nöyryytä ketään. Tee uusi tarina.

Kuinka elää työssä

Työ on toinen koti, onnemme jatke. Sen on oltava harmonian, ystävyyden ja osallisuuden paikka. Tämä ei kuitenkaan aina ole mahdollista. Miksi näin tapahtuu? Miksi en ole onnellinen työssä? Miksi minua vainotaan? Miksi työskentelen niin kovasti ja olen edelleen köyhä? Näistä ja monista muista asioista voidaan keskustella täällä.

Työ ei ole aina harmonista, koska elämme eri ihmisten kanssa. Jokainen ihminen on maailma, sillä on omat ongelmansa, ja se vaikuttaa kaikkiin ympärillä oleviin. Siellä taistelut ja erimielisyydet tapahtuvat. Tämä aiheuttaa kipua, turhautumista ja vihaa. Haaveilet aina täydellisestä työpaikasta, mutta pettymyksestä se tuo sinulle epämukavuutta. Tämän seurauksena olimme tyytymättömiä. Usein hänen työnsä on hänen ainoa taloudellinen tukipiste. Meillä ei ole mahdollisuutta erota, vaikka haluamme sitä usein. Perut ja kapinoit. Mutta hän pysyy töissä pakosta.

Miksi pomot ja työtoverit jahtaavat meitä? Syitä on monia: kateus, ennakkoluulot, autoritaarisuus, toivottomuus. Se merkitsee meitä ikuisesti. Tämä synnyttää alemmuuden ja pettymyksen tunteen. On kauheaa pitää rauhaa, kun haluat huutaa maailmalle, joka on oikea. Teet täydellisen työn, eikä sinua tunneta. Et saa kohteliaisuuksia, mutta pomosi kritisoi sinua. Lisäksi lyöt tuhat kertaa, mutta jos teet virheen, sinua kutsutaan epäpäteväksi. Vaikka tiedän, että ongelma ei ole sinussa, se aiheuttaa johdonmukaisen trauman mielessäsi. Sinusta tulee työobjekti.

Miksi työskentelen niin kovasti ja olen köyhä? Sen on oltava heijastus. Elämme kapitalismissa, villissä talousjärjestelmässä, jossa köyhiä hyödynnetään rikkaiden rikkauden luomiseksi. Näin tapahtuu kaikilla talouden aloilla. Mutta työsuhde voi olla vaihtoehto. Voimme sitoutua melkein kaikilla aloilla vähällä rahalla. Voimme luoda liiketoimintaamme ja olla itsemme pomoja. Tämä tuo meille uskomatonta itseluottamusta. Mutta mitään ei voida tehdä ilman suunnittelua. Meidän on arvioitava positiivinen ja negatiivinen puoli, jotta voimme päättää, mikä on paras tapa. Meillä on aina oltava tausta, mutta ennen kaikkea meidän on oltava onnellisia. Lisäksi meidän on oltava ennakoivia ja tullut historiamme päähenkilöiksi. Meidän on löydettävä tarpeidemme "kohtaamispaikka". Muista, että olet ainoa, joka tietää, mikä on sinulle parasta.

Asuminen ahkerien ihmisten kanssa töissä

Usein työssäsi on pahin vihollinen. Tuo tylsä ihminen, joka jahtaa sinua ja keksii asioita, jotka satuttavat sinua. Toiset eivät pidä sinusta ilman näkyvää syytä. Tämä on niin tuskallista. Elää vihollisten kanssa on kauhea asia. Se vaatii paljon hallintaa ja rohkeutta. Meidän on vahvistettava psykologista puolta kaikkien näiden esteiden voittamiseksi. Mutta on myös toinen vaihtoehto. Voit vaihtaa työpaikkaa, pyytää siirtoa tai luoda oman yrityksen. Ympäristöjen vaihtaminen auttaa joskus paljon tilanteessa, jossa olet.

Kuinka käsitellä rikkomuksia? Kuinka reagoida suullisten

hyökkäysten edessä? Mielestäni ei ole hyvä pitää suusi kiinni. Se antaa väärän vaikutelman, että olet tyhmä. Reagoi. Älä anna kenenkään satuttaa sinua. Sinun täytyy erottaa asiat. Yksi asia on, että pomosi kerää tuloksia työstäsi, ja toinen asia, joka on aivan erilainen, on jahtaaminen. Älä anna kenenkään tukahduttaa vapautta. Ole itsenäinen päätöksenteossa.

Valmistautuminen itsenäisiin työtuloihin

Voidaksemme lähteä töistä ja olla riippumattomia meidän on analysoitava markkinoita. Sijoita potentiaalisi siihen, mitä haluat tehdä eniten. On hienoa työskennellä mitä haluat. Sinun on yhdistettävä onnellisuus taloudellisiin tuloihin. Tee työtä ja tee hyvä taloudellinen varaus. Sitten sijoita suunnitteluun. Laske kaikki vaiheet ja vaiheet. Tutki ja kuuntele asiantuntijoita. Ole varma siitä, mitä haluat. Tavalla mennä, kaikki on sinulle helpompaa.

Jos ensimmäinen vaihtoehto ei toimi, arvioi polku uudelleen ja pysy tavoitteissasi. Usko potentiaaliin ja kykyyn. Rohkeus, päättäväisyys, rohkeus, usko ja sitkeys ovat menestyksen olennaisia osia. Aseta Jumala etusijalle ja kaikki muut asiat lisätään. Usko itseesi ja ole onnellinen.

Analysoidaan opintojen erikoistumisvaihtoehtoja

Opiskelu on välttämätöntä työmarkkinoille ja elämälle yleensä. Tieto kokoaa ja muuttaa meidät. Kirjan lukeminen, kurssin suorittaminen, ammatin harjoittaminen ja laaja näkemys asioista auttaa meitä kasvamaan. Tieto on voimamme tietämättömyyden hyökkäyksiä vastaan. Se vie meidät selkeämmälle ja tarkemmalle polulle. Siksi erikoistua ammattiisi ja olla pätevä ammattilainen. Ole omaperäinen ja luo kuluttajatrendejä. Vapauta itsesi pessimismistä, ota enemmän riskejä ja jatka. Usko aina unelmiesi, koska ne ovat kompassisi pimeyden laaksossa. Voimme tehdä kaiken hänessä, joka vahvistaa meitä.

Tutki osaamisalueesi. Luo oppimismekanismeja. Keksi itsesi uudelleen. Saattaa olla mahdollista tulla siitä, mistä olet aina haaveillut.

Tarvitaan vain yksi toimintasuunnitelma, suunnittelu ja tahdonvoima. Luo menestys ja olet onnellinen. Erittäin onnistunut sinulle.

Kuinka elää perheessä

Mikä on perhe

Perhe on ihmisiä, jotka asuvat kanssasi riippumatta siitä, ovatko he sukulaisia vai ei. Se on ensimmäinen perheen ydin, johon olet osa. Yleensä tämä ryhmä koostuu isästä, äidistä ja lapsista.

Perheellä on perustavanlaatuinen merkitys inhimilliselle kehitykselle. Opimme ja opetamme tässä pienessä perheen ytimessä. Perhe on tukikohta. Ilman häntä emme ole mitään. Siksi tämä tunne kuulua johonkin täyttää sielun ihmisellä.

Kun elämme mustasukkaisten tai pahojen ihmisten kanssa, se voi kuitenkin estää henkilökohtaista evoluutiomme? Tässä tapauksessa pätee seuraava sanonta: "Parempi kuin huonosti mukana". Ihmisen täytyy myös kasvaa, valloittaa tilansa ja muodostaa perheensä. Se on osa elämän luonnollista lakia.

Kuinka kunnioittaa ja tulla kunnioitetuksi

Perheessä elämisen suurimman säännön tulisi olla kunnioitus. Vaikka he voivat elää yhdessä, se ei oikeuta toista sekaantumaan heidän elämäänsä. Vahvista tämä asenne uudelleen. Pidä työsi, huoneesi, ihmisesi asiat erikseen. Jokaisessa perheessä on kunnioitettava heidän persoonallisuuttaan, tekojaan ja halujaan.

Asutko yhdessä tai lähdetkö kotoa ja onko sinulla enemmän yksityisyyttä? Monet nuoret esittävät itselleen tämän kysymyksen usein. Henkilökohtaisen kokemukseni mukaan kannattaa lähteä talosta vain, jos sinulla on tukea kodin ulkopuolella. Uskokaa minua, yksinäisyys voi olla pahin vihollisistanne ja kohdella sinua huonosti.

Asuin ulkona neljä kuukautta, että olisin lähempänä työtä. Mutta itse asiassa yritin löytää rakkautta. Luulin, että asuminen suurkaupungissa helpottaa hakua. Mutta niin ei tapahtunut. Ihmisistä on tullut monimutkaisia nykymaailmassa. Nykyään vallitsee materialismi, itsekkyys ja jumalattomuus.

Asuin asunnossa. Minulla oli yksityisyyteni, mutta tunsin olevani täysin onneton. Lisäksi en ole koskaan ollut nuori puolue tai juominen. Yksin eläminen ei houkuttele minua niin paljon. Lopulta tajusin, että vastuuni olivat pikemminkin lisääntyneet kuin vähentyneet. Joten päätin mennä kotiin. Se ei ollut helppo päätös. Tiesin, että he ovat lopettaneet toiveeni löytää joku. Olen LGBT-ryhmän kanssa. On mahdotonta ajatella, että saan poikaystävän kotona, koska perheeni on täysin perinteinen. He eivät koskaan hyväksy minua sellaisena kuin olen.

Tulin kotiin ajattelemalla keskittymistä työhön. Kolmekymmentä kuuden iässä en ole koskaan löytänyt kumppania. Hän keräsi viisisataa hylkäämistä, ja tämä lisääntyi joka päivä. Sitten kysyin itseltäni: Miksi tämän täytyy löytää onnea toisesta? Miksi en voi toteuttaa unelmani yksin? Minun tarvitsi vain saada hyvä taloudellinen tuki ja voin nauttia elämästä paremmin. Tämä ajatus olla onnellinen jonkun vieressä on melkein vanhentunut näinä päivinä. Sitä tapahtuu harvoin. Joten jatkoin elämäni projektiin. Olen kirjailija ja elokuvantekijä.

Taloudellinen riippuvuus

Tieto siitä, miten käsitellä taloudellista ongelmaa, on ensiarvoisen tärkeää nykyään. Perheestä huolimatta kaikilla on oltava toimeentulonsa. Monta kertaa minun piti auttaa perhettäni, koska minulla on ainoa vakaa työ. Mutta tilanne muuttui hyvin vaikeaksi, kun he vain odottivat minua. Siksi jätin myös talon. Heidän täytyi herätä todellisuuteen. Apu on hyvä, kun sinulla on jäämiä. Mutta ei ole reilua, että työskentelen ja muut ihmiset nauttivat rahoistani enemmän kuin minä itse.

Tämä esimerkki osoittaa, kuinka tärkeä tietoisuus on. Meidän on erotettava asiat toisistaan. Jokaisen on pyrittävä työskentelemään. Jokainen voi selviytyä. Meidän on oltava historiamme päähenkilöitä emmekä ole riippuvaisia muista. Nykypäivän maailmassa on sairaita tilanteita. Se ei ole rakkautta. Se on vain taloudellista etua. Rakkaudella pettäminen tuo vain kärsimystä.

Ymmärrän, että joissakin tilanteissa ei ole helppoa käsitellä. Mutta meidän on oltava järkeviä. Poika meni naimisiin. Anna hänen ottaa henkensä. Lastenlapset huolehtimaan? Ei lainkaan. Se on vanhempien vastuu. Sinun, joka olet jo vanhuudessa, pitäisi nauttia elämästä matkustamalla ja tekemällä miellyttävää toimintaa. Olet täyttänyt roolisi. Lisäksi et halua huolehtia muiden ihmisten vastuusta. Tämä voi olla sinulle erittäin vahingollista. Tee sisäinen pohdinta ja katso, mikä on sinulle parasta.

Esimerkin merkitys

Kun puhumme lapsista, puhumme maan tulevaisuudesta. Joten on äärimmäisen tärkeää, että heillä on hyvä perhe. Yleensä ne heijastavat ympäristöä, jossa he elävät. Jos meillä on jäsennelty ja onnellinen perhe, nuorten on taipumus seurata tätä esimerkkiä. Siksi sanonta on totta: "Se, joka on hyvä poika, on hyvä isä." Tämä ei kuitenkaan ole yleinen sääntö.

Meillä on usein nuoria kapinallisia. Vaikka heillä on ihania vanhempia, he nojaavat kohti pahaa. Tällöin älä tunne syyllisyyttä. Teit osasi. Jokaisella ihmisellä on vapaa tahto. Jos lapsi on valinnut pahan, se kantaa seuraukset. Se on luonnollista yhteiskunnassa. On hyvää ja pahaa. Tämä on henkilökohtainen päätös.

Valitsin hyvän ja olen tänään tyytyväinen, rehellinen ja terveellinen ihminen. Olen esimerkki sinnikkyydestä ja toivosta unelmiini. Lisäksi uskon rehellisyyden ja työn arvoihin. Opeta sitä lapsillesi. Rauhoita hyvää ja nauti hyvää. Olemme ponnistelujemme hedelmiä, enempää tai vähemmän. Jokaisella on mitä hän ansaitsee.

Loppu

www.ingramcontent.com/pod-product-compliance
Lightning Source LLC
LaVergne TN
LVHW010615070526
838199LV00063BA/5162